S. Thiele

PROBLEMATISCHE PFERDE

FRANZ ZWEIFEL

Problematische Pferde

Ein Beitrag zur Psychologie des Pferdes

L. B. AHNERT-VERLAG

L. B. Ahnert-Verlag
6360 Friedberg - 3

Druck: MBH-Druck, 6600 Saarbrücken
ISBN 3-921142-48-2

VORWORT

Der Autor dieses aktuellen Buches hat als Wärter im Zürcher Zoo im Laufe der Jahre verschiedene Abteilungen – von den Reptilien bis zu den Menschenaffen – betreut und sich während dieser Praxis auch theoretisch, d.h. zoologisch und tierpsychologisch, ausgiebig in diese Tiergruppen eingearbeitet. Seine besondere Vorliebe aber gehört seit jeher dem Pferd und seinen Verwandten. Mit bewundernswertem Fleiß und außerordentlicher Ausdauer hat Herr Zweifel in seiner Freizeit ein ungeheures Material zu diesem Thema zusammengetragen und es durch reiche persönliche Beobachtungen – auch aus dem Militärdienst – ergänzt.

Vor allem aber hat der Autor auf Grund seiner umfassenden Erfahrung und seines feinen Einfühlungsvermögens die seit Jahrzehnten festgefahrenen Begriffe, die sich um das bequeme Stichwort «Untugenden» gruppieren, kritisch analysiert und deren wahre biologische Grundlagen aufgedeckt. Damit hat er völlig neue Wege zum Verständnis des Pferdes, namentlich des Problempferdes, gewiesen. Niemand, der irgendwie mit Pferden zu tun hat, darf an diesem wahrhaft erfrischenden, aus der Praxis für die Praxis geschriebenen Buch vorbeigehen, und jeder, der sich für Tierpsychologie interessiert, wird daraus wertvolle Anregungen empfangen.

Prof. Dr. H. Hediger

General Guisan 1956: Ich wünsche allen Menschen, durch die Schule des Pferdes gehen zu können. — Für das Pferd, das nicht zuletzt eines der besten Mittel bleibt, um zu lernen: Mann zu sein...

INHALTSÜBERSICHT

I. EINFÜHRENDER TEIL

Seite

A. Einleitung 9
Begriff und Bedeutung 9
Bedeutung der Pferdepsychologie 15
Systematik 19

B. Einführende Gesichtspunkte 22
Herkunft der Hauspferde 22
Reiz und Reizbarkeit der Einhufer 25
Tierpsychologische Grundbegriffe 33
Gefühle und Gefühlsäußerungen 42
Nachahmungstendenz 44
Tendenz zur Gewohnheitsbildung 47
Rasse, Temperament und Charakter 51
Vererbung 55
Geschlechtsunterschiede 57
Artenunterschiede 58
Alter 63
Dressurmethodik 64
Haltung 66
Verwendungsart 66
Gebrauchsmittel 67
Körperliche Behinderungen 68

II. SPEZIELLER TEIL

A. Unlustbetonte Verhaltensweisen 69

1. Furchtbetonte Unarten 69
Die Angst der Einhufer 69
Furchtbetonte Verhaltensweisen der Einhufer 74

2. Kampfbetonte Unarten 79
Die Aggression der Einhufer 79
a) Aggressive Verhaltensweisen der Hauspferde 82
Allgemeine Aggressivhandlungen 82
Soziale Aggressivhandlungen 85
Sexuelle Aggressivhandlungen 92

b) Domestikationsbedingte Widersetzlichkeiten 94
Allgemeine Widersetzlichkeiten 95
Gewohnheitsbedingte Widersetzlichkeiten 112
Sexualbedingte Widersetzlichkeiten 117
3. Schmerzbetonte Unarten der Hauspferde 123
Zum Wesen des Schmerzes 124
Schmerzbedingte Verhaltensweisen 126
Psychische Anomalien 133
4. Konflikthandlungen 139
B. Lustbetonte Verhaltensweisen 150
Spielerische Gebaren 151
Individuelle Spielhandlungen 155
Haltungsstereotypien 164
Onanie der Hengste 166
Unerwünschte Lautäußerungen 169
Kulinarische Anomalien 170
C. Problemhandlungen als Schauobjekte 173
Tierdressur im allgemeinen 174
Steigende und tanzende Pferde 175
Bocking Horses 177
Simulieren 178
Sogenannte Wunderpferde 179
«Hohe Schule» 184

III. ZUSAMMENFASSUNG

Entwurf einer Systematik der psychogenen Fehler unserer Pferde 187
Psychogene Problemverhalten der Pferde und ihre Ursachen . 191
Literaturverzeichnis 196

I. EINFÜHRENDER TEIL

A. EINLEITUNG

Begriff und Bedeutung

«Wer sich ein Pferd kauft, oder wer sich eine Frau nimmt ohne Mängel, der hat im Stall kein Pferd und im Haus keinen Engel.» So lautet eine von Fachleuten in verschiedenen Variationen ausgesprochene Erkenntnis. Uns interessieren im Augenblick weniger die Engel, vielmehr aber die Fehler und sogenannten Mängel der Hauspferde, von denen wir zwei verschiedene Qualitäten auseinander halten müssen, nämlich die vorwiegend seelischen und die vorwiegend körperlichen.

Als körperliche Mängel sind fehlerhafte Stellungen der Hufe und der Gliedmaßen, Geschwulste, Verwachsungen usw. zu verstehen, woraus sich zuweilen mangelhafte Verhaltensweisen ergeben können, die ohne Mitwirkung seelischer Kräfte auf physiologischem Wege ablaufen. Beispielsweise werden das «Schmieden» der Pferde und das «Streifen» durch fehlerhafte Beinstellung oder mangelhaften Hufbeschlag verursacht.

Wo liegen die Grenzen zwischen den psychogenen und den physischen Fehlern unserer Pferde? Sie sind nicht immer leicht und vor allem nicht scharf zu ziehen. Zur Differenzierung dieser Verhaltensarten müssen wir die Beanspruchung oder Nichtbeanspruchung höherer Nervenzentren, besser gesagt der Psyche, in Betracht ziehen.

Im deutschen Sprachgebiet faßt man die psychogenen Fehler der Hauspferde unter dem irrtümlichen Sammelbegriff «Untugenden» zusammen. Zu dieser unmöglichen Bezeichnung kam es, weil wir Menschen darauf hin tendieren, unsere Umgebung zu vermenschlichen. Lebendes und totes Inventar, ja selbst Sonne, Mond und Sterne müssen dran glauben. Wie viele Flüche gehen wohl täglich den abfahrenden Straßenbahnzügen nach? Die Sonne lacht, und sie blinzelt. Der Automobilist, der eine Panne am Wagen erlitt und am Straßenrand den abgedeckten Motor in Augenschein nimmt, wettert auf seinen Wagen ein, als ob es sich um eine untreu gewordene Geliebte handeln würde. Aus naheliegenden Gründen vermenschlicht der homo sapiens aber am meisten die Tiere seiner Umwelt.

Das Verhalten des Menschen gegenüber den Tieren ist und war je nach Zeitläuften, je nach Ansichten über die Tierwelt, ungemein verschieden. So haben namentlich Philosophen und Religionsstifter von jeher die Beziehungen des Menschen zum Tier maßgebend beeinflußt.

Das Altertum kannte das Tieropfer, und was wir heute als Aberglauben beurteilen, war eben dazumal keiner, sondern bildete einen festgefügten Bestandteil des damaligen Glaubenslebens. Die Mosaische Anschauung ging in die Praxis des Mittelalters über; was seinerzeit Kultusakt gewesen war, wurde dann in weltliche Strafe umgewandelt. Den Tieren schrieb man einen verbrecherischen Willen zu, und man findet in der Literatur verschiedene Fälle, in denen Haustiere als Schwerverbrecher zum Tode verurteilt wurden. So weiß man von Pferden, über die man von öffentlichen Gerichten das Todesurteil verhängte, von Eseln, denen man zur Strafe die Ohren abschnitt, weil sie im Nachbarland weideten usw. Hans Alb. Berkenhoff (1) erwähnt eine solche Begebenheit, die noch gar nicht alt ist: «Im Februar des Jahres 1936 wurde in einem kleinen syrischen Ort ein Esel hingerichtet. Er hatte einem Einwohner einen Tritt in den Unterleib versetzt, woran der Verletzte nach einigen Tagen gestorben war. Der Esel wurde verhaftet, und es kam zu einer Gerichtsverhandlung. Auf Grund der Zeugenaussagen verurteilten ihn die drei Richter zum Tode. Am festgesetzten Tage brachte man den Esel zum Marktplatz, wo sich das Volk bereits um das Schafott herum scharte. Der Henker verband dem Tier die Augen und enthauptete es. Der Kopf wurde auf einer Stange zehn Tage lang auf dem Marktplatz ausgestellt. Zur Warnung für alle vorbeitrottenden Esel, wie das Gericht angab.»

Kein Tier, obwohl man ihm Sein und Lassen angewöhnen kann, ist in der Lage, über sein Handeln ein menschliches Urteil zu fällen, wenn es – durch die menschliche Brille hindurch gesehen – einer Tugend oder einer Untugend huldigt. Ich habe mich selbst, während meiner langjährigen landwirtschaftlichen Praxis, im Militärdienst und während meiner mehrjährigen Zootätigkeit, verschiedentlich mit Einhufern auseinander gesetzt. Ich erlebte meine Nöte mit nymphomanischen Stuten; das edle Pferd versuchte mich niederzutrampeln, an die Wand zu drängen, es schlug und biß mich, es riß sich los und flüchtete mit beladenem Wagen vom Felde nach Hause, ich erlebte Pferdepaniken; ein mir anvertrautes Roß biß einem Kameraden ein gutes Stück seiner Nase weg, aber nie hätte ich das Pferd des «Unrechts» bezichtigen können. Manche vom menschlichen Standpunkt aus als unerwünscht betrachtete Verhaltensweise des Pferdes ist von ihm aus gesehen sehr wohl begründet.

Es ist Aufgabe der Tierpsychologie, mit solchen menschlich-sittlichen Werturteilen, mit denen Tiere so oft belegt werden, aufzuräumen, denn diese schaffen eine falsche Einstellung gegenüber den Tieren; wir erweisen ihnen damit schlechte Dienste und schaden ihnen. Was in der Mensch/Pferd-Beziehung not tut, ist eine konsequente Einstellung, eine Stellungnahme des Menschen, die weder versachlicht noch vermenschlicht, die das Pferd als das nimmt, was es von Natur aus ist.

In älteren hippologischen Werken, so z. B. in Christoph Donauers «Ritter- und Reut-Academie» aus dem Jahre 1719, finden wir an Stelle der heutigen sogenannten Untugenden die ebenso fälschliche Bezeichnung «Laster». Im Mittelalter war der Ausdruck Tugend gleichbedeutend mit Tüchtigkeit. Erst in späteren Zeiten wurde Tugend zum Inbegriff sittlicher Charaktereigenschaften, die wir aber den Tieren niemals zumuten dürfen. Im übrigen kennt die Hippologie für die psychischen Fehler die berechtigtere Bezeichnung «Unarten».

Verschiedene Tierschilderer, so z. B. auch Paul Eipper (2), berichten von «geisteskranken» Tieren. Analog der menschlichen Psychiatrie könnte man ebenfalls beim domestizierten Einhufer gewiß von Neurosen oder gar von Psychosen sprechen. Da aber die Pferdeseele sich grundsätzlich von der menschlichen Psyche durch das Fehlen des geistigen Prinzipes unterscheidet, möchte ich von solchen «Geisteskrankheiten» absehen.

Alle Tätigkeiten eines Wesens, ob sie mehr psychisch oder mehr physisch betont sind, stehen in Beziehungen mit der Umgebung; wir nennen sie Verhalten. Selbst das schlafende Tier hat ein Verhältnis zum Körper. Dem Schlaf geht bei vielen Arten eine Vorbereitung der Schlafstelle voraus, und erinnert sei auch an die arteigentümlichen Schlafhaltungen der Tiere. Wann ist nun ein Verhalten beim Hauspferd als fehlerhaft anzusprechen? Von den vielen Begriffsbestimmungen der sogenannten Untugenden unserer Hauspferde stammt wohl die zutreffendste von Prof. Dr. E. Seiferle (3): «Auf jeden Fall sind es immer der materielle Verlust oder die persönliche Gefährdung des Menschen, die eine bestimmte Verhaltensweise des Pferdes zur Untugend stempeln. Vom Standpunkt des Pferdes aus wären diese sogenannten Untugenden in der Hauptsache ganz anders zu bewerten. Eines ihrer typischen Merkmale ist die Regelmäßigkeit, mit der sie in bestimmten Situationen in Erscheinung treten, was bei der bekannten Neigung des Pferdes zu gewohnheitsmäßigem Handeln nicht weiter überrascht und schließlich unter Umständen zu einer Art Automatisierung der ganzen Bewegungsfolge führen kann.»

Es ist also der entstandene Schaden, der ein Verhalten zur Unart degradiert. Dieser kann klein sein, etwa als unästhetischer Anblick oder als Stallunruhe bewertet werden. Er kann aber auch groß sein, was besonders dann der Fall ist, wenn infolge eines solchen Verhaltens Menschenleben zu beklagen sind.

Rund 50 verschiedene Verhaltensweisen der Hauspferde sind als psychogene Fehler zu beurteilen. Zeitungsmitteilungen, die mit «Kinder von Pferden überrannt und getötet», «Beim Jauchefahren zu Tode geschleppt», «Von durchbrennendem Pferd erschlagen», «Todessturz vom Pferd», «Pferde rasen in ein Schaufenster», «Tödlicher Hufschlag», «Pferdepanik in Aarau» oder ähnlich überschrieben sind, veranschaulichen uns jeweilen die verhängnisvollen Auswirkungen gewisser Pferdeunarten.

Verschiedene dieser Handlungsweisen gelten im Handel als Gewährsfehler, und sie treten zuweilen so sehr in Erscheinung, daß damit die Gebrauchsfähigkeit der Tiere ganz oder teilweise herabgesetzt wird. Hengste, die mit gewissen Fehlern belastet sind, werden zu Leistungsprüfungen gar nicht zugelassen. Einige dieser Verhaltensweisen spielen im Leben der Menschen und der Pferde eine weitaus bedeutendere Rolle, als allgemein angenommen wird. Davon können die Versicherungsgesellschaften und statistischen Ämter Auskunft geben. In unserem verhältnismäßig pferdearmen und kleinen Lande sind es alljährlich 30–40 Personen, deren Ableben auf das Konto Pferdeunarten geht. Dazu kommen Hunderte von Unfällen mit zum Teil argen, bleibenden Nachteilen oder langen Krankenlagern.

Seitdem der Einhufer sich im Hausstande befindet, hat er mit seinem Verhalten immer und immer wieder in die Geschicke ganzer Nationen, Familien und Einzelpersonen eingegriffen. Beispielsweise auch bei der Bluttaufe unseres Landes, am Morgarten im Jahre 1315, war dies der Fall. So lesen wir in der Zusammenfassung der Quellenstudie über die Lage des Schlachtfeldes und den Hergang der Schlacht am Morgarten von Martin Styger, Kantonsschreiber zu Schwyz, aus dem Jahre 1905: «Die scheu gewordenen Pferde sind nicht mehr zu bändigen, sie geben ihren Herren so zu schaffen, daß sie sich selbst gegen den fürchterlichen Feind nicht wehren können; die Verwirrung ist grenzenlos wie der plötzliche Schreck. Der ganze Troß ist auf engem Raum zusammengedrängt, der ausgiebige Gebrauch der langen Speere so gut wie ausgeschlossen; ein Ausdehnen zum regelrechten Kampf, über Tschupplen und Acker hinaus ist wegen sumpfigem Boden nicht möglich; das war allerdings keine Schlacht, sondern ein Abschlachten des wehrlosen Haufens. Auch die Flucht ist schwer; die Straße ist rückwärts gesperrt durch gestürzte Pferde und Reiter, durch Felsblöcke und Baumstämme und wer noch darüber hinaus kommt, stürzt auf das nachgerückte Fußvolk, überreitet die im Wege stehenden, für welche es kein Ausweichen gab, und trägt Verwirrung, Schrecken und panische Flucht in ihre Reihen.»

Die Wege, die die Forscher begehen, um das Wesen der Tiere zu ergründen, sind verschiedenartig. Unschätzbare Gelegenheiten, um Tiere vergleichend beobachten zu können, ergeben sich im Zoo. Freilandbeobachtungen sind unentbehrlich. Freiland- und Laboratoriumsversuche ergänzen einander. Der Innsbrucker Physiologe Dr. Stefan von Màday machte vom Pferde aus, also als Reiter, in Hippopsychologie. Nachfolgend erfahren nun die problematischen Verhaltensweisen der Pferde eine Bearbeitung, und ich hoffe, damit den Interessenten einige Hinweise zu geben, die zur

Deutung der Pferdepsyche beitragen mögen. Dabei geht es mir in erster Linie darum, die sogenannten Untugenden der Hauspferde einem ordentlichen System zu unterstellen, auf dessen Priorität ich Wert legen möchte.

Bedeutung der Pferdepsychologie

Unter Psychologie verstehen wir die Lehre von der Menschenseele, also die Lehre von all dem nicht Faßbaren, nicht Sichtbaren, nicht Körperlichen am Menschen. Zu allen Zeiten hat sich der Mensch für seine eigene und für die Psyche der Tiere brennend interessiert. Wir alle, ob wir es wollen oder nicht, sind Psychologen, vom Kleinkind im Laufgitter bis zum alten, erfahrenen Greis. Schon im Säuglingsalter befaßten wir uns mit praktischer Psychologie, indem wir schrien, um uns die Umgebung untertan zu machen, um z. B. die Milchflache zu bekommen, um aufgenommen zu werden, um von grellem Licht abgewendet zu werden usw.

Die Tierpsychologie oder zu deutsch die Tierseelenkunde, die sich erst in den letzten Jahrzehnten als selbständiges Forschungsgebiet von der Biologie losgelöst hat, dient vor allen Dingen dazu, das Wesen des Tieres zu erforschen und den Umgang mit ihm zweckmäßig zu gestalten. Der Werdegang dieses Wissensgebietes, der sich bis ins Altertum zurückverfolgen läßt, ist im Grunde genommen die Geschichte des Kampfes gegen die Tiervermenschlichung.

Ein Pferd mag einen noch so zweckentsprechenden Körperbau aufweisen, erst durch die fachgemäße Dressur, also durch eine vorwiegend psychische Angelegenheit, wird das Tier, dank seines guten Lernvermögens, ein nützliches Gebrauchspferd. «Wir sind Reiter und keine Psychologen», hört man gelegentlich sogar maßgebende Leute sagen. Demgegenüber ist zu bemerken, daß die meisten Beziehungen des Menschen zum Pferd ohne Rücksicht auf psychische Vorgänge unmöglich sind. Der im Jahre 1954 verstorbene deutsche «Vater der Pferde», Dr. Gustav Rau (4), hat schon vor Jahrzehnten auf die Vernachlässigung der Tierpsychologie in der Zucht, Haltung und Ausbildung des Pferdes aufmerksam gemacht.

Im Gegensatz zum Pferd wird das Rind auf Milchleistung gezüchtet, das Borstentier auf Fleischleistung, ebenso das Kaninchen. Der Züchter strebt ein Standardtier an, dessen Körperformen für hohe Leistungen garantieren. Das Pferd wurde verschont, als frühreifes Wurstobjekt, als Milchfabrik, als Angoratier oder gar als Luxusgeschöpf gezüchtet zu werden. Wir brauchen das Roß zum Ziehen und zum Reiten, also für Arbeitsleistungen, bei denen in erster Linie die seelischen Regungen des Tieres ins Gewicht fallen, wie dies noch in vermehrtem Maße beim Schäferhund als Wächter, Beschützer, Begleiter, Kampfgefährte, Meldeläufer und Spürer der Fall ist. Aus dem reißenden Vorfahren dieses Hundes wurde ein Wächter der Schafherde gezogen. Dies erfolgte gewiß nicht zufällig. Neben fachgemäßer Dressur hieß die Zauberformel «planmäßige Zucht»; das Ausmerzen von ungeeigneten Tieren und das Paaren von Elterntieren, bei denen die gewünschten Eigenschaften vornehmlich vorhanden waren. Währenddem nun Leistungsprüfungen in der Schäferhunde-Zucht allgemein bei männlichen und weiblichen Tieren üblich sind, beschränkt sich eine solche Prüfung in der Pferdezucht nur auf die Hengste. Durch die Verfügung des Eidgenössischen Volkswirtschaftsdepartementes vom 5. Juni 1943 wurden diese Prüfungen für alle Hengste obligatorisch erklärt. Die Prüflinge haben dabei eine Zugleistungs- und Gängigkeitsprüfung zu bestehen. Hengste mit argen psychischen Fehlern, wie passive Verweigerer, Schläger, Beißer u. a. finden als Beschäler keine Anerkennung. Die Zuchtstuten werden an den Beständeschauen der Genossenschaften in

Augenschein genommen, d.h. einer Kommission vorgetrabt. Ein Beweis, ob nun ein solches Muttertier überhaupt in der Lage ist, am Einspännerfuhrwerk zu gehen, ist, wie verschiedene andere Aufschlüsse betreffend psychischer Eigenschaften, nicht erforderlich.

Sehr deutlich kommt die Vernachlässigung der Pferde-Psyche in der Armee zum Ausdruck. Bis heute gab es noch kein militärisches Pferdereglement, das auf die Psyche der Militärpferde hindeutete. Der Dragoner und der Trainsoldat kennen wohl die mechanischen Einwirkungen auf das Pferd; sie müssen in der Lage sein, über den Körper des Pferdes aus dem Effeff Auskunft geben zu können. Das Seelenleben des Pferdes ist für sie aber tabu; sie kennen das Pferd nur als Maschine, nicht aber als Maschinist, und Tierpsychologie bedeutet für sie tiefverborgene Mysterien. In der Österreichisch-Ungarischen Armee war es Usus, die Pferde «einzuschießen» und einer dementsprechenden Prüfung, bei der getrommelt, geschossen, Fahnen geschwungen und andere Vorkehrungen getroffen wurden, zu unterziehen. In alter Zeit mußten die Pferde im Orient an das Löwengebrüll gewöhnt werden, und noch heute ist es dort selbstverständlich, Pferde von jung auf mit Kamelartigen vertraut zu machen. Daß bei uns in dieser Hinsicht wenig getan wird, muß jedermann bestätigen, der sich mit Pferden im Feuergefecht befand, d.h. in unmittelbarer Nähe von Kanonen in Aktion, von automatischen Waffen, Panzerwagen, Tanks und anderen Vehikeln moderner Kriegsführung.

Ferner gibt es in unserem Lande kaum eine landwirtschaftliche Berufsschule, die auf dieses Wissensgebiet hinweist. Sämtliche Lehrpläne aller schweizerischen Institutionen, wo praktische Tierhalter zum Teil auf Staatskosten ausgebildet werden, fundieren auf dem veralteten Grundsatz: «Die Lebensvorgänge bilden eine ununterbrochene Reihe von physikalischen und chemischen Prozessen, die miteinander in Wechselwirkungen stehen, sich gegenseitig beeinflussen und bedingen» (5).

Die Bedeutung, die die Hippopsychologie für den Pferdarzt hat, soll eine Begebenheit charakterisieren, die Dr. Carl Hutschenreiter (6) erzählt: Eine dreijährige Stute, die man verdächtigte, an einem Herzleiden zu kranken, wurde fern von ihrer gewohnten Umgebung einer Spezialuntersuchung unterzogen. Das fremde Milieu, weiße Mäntel, Kardiogrammapparate usw. versetzten die Stute in Aufregung. «Herzfehler und Herzmuskelschaden» lautete prompt der Untersuchungsbefund. Vier Tage nach dieser Spezialuntersuchung wurde die Stute von einem erfahrenen Praktiker im Zustand der Ruhe, in ihrer gewohnten Umgebung und nach einem kurzen Galopp neuerdings gründlich untersucht und als ganz normal befunden. Das Tier lief nachfolgend drei Rennen, siegte zweimal und war einmal Dritte.

Wirtschaftlich gesehen müssen aus dem Pferde mit den minimalsten Mitteln die maximalsten Erfolge erzielt werden. Dies gilt für alle Gebrauchsarten, für Zugpferde wie für Rennpferde. Die grundlegenden Hilfsmittel, die dazu dienen, um diese Forderung erfüllen zu können, sind psychologische Kenntnisse. Viele hervorragende Pferdefachleute haben zwar aus Pferden wahre Kunstwerke geschaffen, ohne sich einen Deut um Tierpsychologie in der Theorie zu kümmern, so wie etwa eine Mutter ohne pädagogische und psychologische Studien ihre Kinder großgezogen hat. Wissenschaftliche Einsichten helfen uns aber in der Zucht, Abrichtung und Haltung unserer Haustiere, mit einem minimalen Aufwand an Arbeit und Zeit zum Ziel zu gelangen.

Bei der Durchsicht älterer und neuerer Literatur stieß ich zum Teil auf recht problematische Einteilungen und Beurteilungen des Gebarens der Pferde. Selbst bedeutende pferdekundliche Werke neuerer Ausgaben machen wohl darauf aufmerksam, geben aber über Ursache und Wirkung meistens nur mangelhaft Auskunft, und von einer ordentlichen Klassifizierung wird durchwegs abgesehen. Die gebräuchlichste Einteilung der Unarten ist jene, bei der die Verhaltensweisen so geordnet sind, wie sie gerade auftreten, z. B. Stalluntugenden, Reituntugenden, Zuguntugenden u. a.

Prof. D. Wirth (7) unterscheidet: «Diese Untugenden sind teils solche, bei denen ein Bewegungsvorgang ausgeübt wird, der nicht erwünscht ist (aktive Untugenden, z. B. das Koppen), oder aber es wird ein Bewegungsvorgang nicht ausgeübt, der erwünscht ist (passive Untugend).» Jedoch bei der Beschreibung der Unarten teilt der Genannte diese ein in: a) Untugenden, welche die Verwendung der Pferde beeinträchtigen, und b) Untugenden, welche die Verwendung der Pferde nicht behindern.

Dr. E. Heizmann (8) behandelt einige wichtige Unarten in gesonderten Kapiteln und erwähnt andere beiläufig.

Prof. Dr. Eugen Seiferle (3) schuf im Jahre 1943 erstmals eine ursächlich begründete Einordnung, also ein System der sogenannten Untugenden auf psychologischer Grundlage:

Untugenden als Folge von verunmöglichten Triebbefriedigungen;

Untugenden als Folge von krankhaften Zuständen oder anatomischen Mängeln;

Untugenden als Folge von unzweckmäßiger Erfahrung.

Mit dieser bahnbrechenden Ordnung führte der genannte Sachverständige die Unarten der Hauspferde dem Gebiete zu, zu dem sie gehören, der Tierpsychologie. In der Tat kommt dieses ätiologische System der biologischen Wirklichkeit sehr nahe.

Mein vorliegender, ursächlich begründeter Einteilungsversuch auf stimmungsmäßiger Basis resultiert aus folgenden Überlegungen: Verhaltensweisen sind Folgen von Ursachen, von Reizen. Es sind zwei grundverschiedene Reizquellen auseinander zu halten, nämlich innere Zustände und die Außenwelt. Demnach unterscheidet man Innenreize und Außenreize, die das Verhalten der Tiere bedingen. Die Reize, die von der Außenwelt herstammen, werden mit Hilfe der Sinnesorgane wahrgenommen. Den Reizreaktionen oder den Verhaltensweisen liegen einfache bis äußerst komplizierte, unergründbare, nervenphysiologische Prozesse zugrunde. Raumhalber ist es nicht möglich, auf die delikaten Funktionen des Nervensystemes – ein Gebiet, in dem die Physiologen in den letzten Jahrzehnten Großartiges aufgezeigt haben – näher einzugehen. Die Sinneswahrnehmungen werden mit Hilfe der zentripedalen Nerven zu den Nervenzentren (Gehirn, Rückenmark) geleitet, wo die Verarbeitung des Wahrgenommenen erfolgt. In diesen Verwertungsstationen wird abgewogen, ob ein Eindruck behagt oder nicht behagt; es wird ein Gefühl, beim Tier besser gesagt eine Stimmung, gebildet, und diese Stimmung stellt beim Verhalten der Tiere das Zünglein an der Waage dar. Das Verhalten wird von der Stimmung regiert. Gefühle sind die letztentscheidenden Instanzen, die das Tun oder Lassen bestimmen. Die Entscheidung, ob ein bestimmter Reiz vom Tier überhaupt Beachtung findet, ob er in den lust- oder unlustbetonten Gefühlsbereich fällt, kann dem Tier angeboren, oder aber, wie dies beim domestizierten Pferde vielfach der Fall ist, von Erfahrung abhängig sein. Die Entscheidungen werden mittels der zentrifugalen Nervenbahnen zu den Handlungsorganen weitergeleitet, wo dann die Reizaktionen in Erscheinung treten.

Gefühle, Gefühlszustände, Gemütszustände, Stimmungen, wie wir diese elementaren Erscheinungen des Lebens auch nennen wollen, sind somit auch bei den Verhaltensweisen, die wir in der Mensch/Pferd-Beziehung als psychogene Fehler der Hauspferde ansprechen, stets der springende Punkt, und daraus ergibt sich die Möglichkeit einer dementsprechenden Einteilung. Diese Folgerung war mir wegleitend bei der Ordnung der Unarten unserer Hauspferde.

Schon für die niederen, wirbellosen Lebewesen bilden seelische Regungen, wie Lust und Unlust, unentbehrliche Lebensfunktionen. Diese beiden Grundstimmungen stellen nun den Rahmen des vorliegenden Einteilungsversuches dar. Die Lust- oder Unlustbetonung bezieht sich dabei immer auf die Entstehung der betreffenden Gebaren. Bei den unlustbetonten Fehlern machen sich drei grundverschiedene Gefühlslagen, die wir den Pferden füglich zumuten dürfen, nämlich Angst- und Kampfstimmungen und der Schmerz, bemerkbar. Wohl treten auch Herdengefühle bzw. Zusammengehörigkeitsgefühle und sexuelle Stimmungen in Erscheinung. Die Reizreaktionen, die aber hieraus resultieren, sind ebenfalls angst-, kampf- oder schmerzbetont.

Das sich unter der menschlichen Knute befindende Hauspferd ist zwar meistens nicht in der Lage, seine Reizreaktionen normal ablaufen zu lassen; es kann nur in Ausnahmefällen flüchten oder richtig kämpfen. Jedoch behilft es sich des öftern mit verschiedenen, rein domestikationsbedingten Verhaltensweisen, die ich im Kapitel «Domestikationsbedingte Widersetzlichkeiten» zusammenfasse. Weitere Ausführungen sind den Stimmungskonflikten gewidmet, die sich zusehends auch im Hausstande der Pferde einstellen und als Ursache verschiedener psychogener Fehler anzusehen sind.

Die lustbetonten Fehler der Hauspferde lassen sich stimmungsmäßig nicht weiter unterteilen. Bei der Beurteilung von Gefühlen der Tiere und Gefühlsäußerungen ist Zurückhaltung notwendig. Wir müssen uns an die Regel der sparsamsten Erklärung halten. So bleibt uns kaum etwas anderes übrig, als die lustbetonten Fehler je nach den Erscheinungsformen wie Bewegung, Haltung, Nahrungsaufnahme und andere Begebenheiten zu ordnen.

B. EINFÜHRENDE GESICHTSPUNKTE

Herkunft der Hauspferde

Es sind zwei verschiedene Gattungen von wildlebenden Pferden zu unterscheiden: wilde und verwilderte. Die letzteren sind Abkömmlinge von Hauspferden.

Die Schilderungen vom Leben der freilebenden Vorfahren unserer Hauspferde sind verhältnismäßig spärlich. Wir haben zur Zeit nur eine Wildpferdeart, das Mongolenpferd (Equus przewalskii), das sich noch in zirka 100 Einzeltieren seiner Existenz erfreut. Das letzte europäische Wildpferd, der Tarpan, erlag im Jahre 1879. Jedoch gibt es kaum ein Haustier, wie gerade das Pferd, das stammesgeschichtlich so gut erforscht ist. In jedem zoologischen Museum befinden sich bildliche Darstellungen, Originalfunde oder deren Nachbildungen.

Im Gegensatz zum Menschen, der dank seines Intellekts sich sozusagen rund um den Erdball ansiedeln konnte, sind die freilebenden Tiere an eine bestimmte Umwelt gebunden. Umwelteinflüsse waren ausschlaggebende Faktoren bei der Entwicklung der Tiere in Gestalt und Verhalten. Auch die Vorfahren unserer Hauspferde waren keine Weltbürger. Sie lebten ihr arteigenes Leben in einem arteigentümlichen Lebensbezirk und hatten es mit bestimmten Feinden zu tun. Die kampf- und angstbetonten Gebarungen, die wir in der Mensch/Pferd-Beziehung als Unarten ansprechen, dienen den noch lebenden Wildpferden zur Arterhaltung und dienten den Vorfahren unserer Hauspferde zum selben Zwecke. Sie waren es ja gerade, die das Pferd zum Pferde machten. Ohne diese Verhaltensweisen wäre der Einhufer nie entstanden. Aus einem erst fuchsgroßen, raubtierähnlichen Lebewesen, das in der Moorlandschaft auf 20 Zehen lief, entwickelte sich im Verlaufe von rund 70 Millionen Jahren der Einhufer. Klimatische und erdgeschichtliche Einflüsse wirkten auf die Vorfahren der Hauspferde ein; aber auch Feinde modelten an ihnen. Ihre lebenden Widersacher (Hunde-, Großkatzen-, Bären-, Echsenartige und der Mensch) waren der Spezies Pferd nützlich, indem sie die schwächlichen und kranken Einzeltiere ausmerzten, gegen Degeneration wirkten und so mithalfen, den Typus Pferd zu schaffen. Abwehrgebaren und Angriffsverhalten fanden natürlich auch innerhalb der Art Anwendung, etwa im Spiel, im Rivalenkampf oder im Streit um den besseren Bissen Futter, und im Jugendalter unserer Pferde werden sie auf der Fohlenweide eifrig geübt.

Vor ungefähr 5000 Jahren riß dann der Mensch diesen gesellig lebenden, fliehenden Pflanzenfresser aus seinem natürlichen Lebensraum heraus und drängte ihm allerhand Leistungen auf, die dem Pferde von Natur aus fremd sind, automatenhaft ausgeführt werden und von ihm auch nie richtig verstanden werden können. Infolge dieser Mißverständnisse reagiert das Hauspferd vielfach mit merkwürdigen Verhaltensweisen, die der Mensch gar nicht erwartet, ja gar nicht wünscht, ja die sich sogar im Mensch/Pferd-Verhältnis sehr oft tragisch auswirken können.

Tieren, die in Gemeinschaft leben, mag wohl ein gewisses Maß von Zusammengehörigkeitsgefühl angeboren sein; ein Schema von ihren Artgenossen ist ihnen aber fremd. Huftiere, die seit den ersten Lebensstunden nur mit dem Menschen in Verbindung waren, betrachten diesen als Artgenossen, was sich experimentell nachweisen läßt, und ich sehe mich veranlaßt, die Ansicht des Zürcher Haustierforschers Prof. Dr. C. Keller (9) zu unterstützen: daß darin die Erklärung zum Problem der Haustierwerdung des Einhufers liegen muß. Oftmals mochte es vorgekommen sein, daß ein Jäger in grauer Urzeit, der eine Mutterstute erlegte, ein hilfloses Füllen neben der gejagten Beute vorfand, das er bestimmt nicht immer totschlug, sondern es vielleicht den Kindern mit nach Hause brachte, die mit ihm spielten und auf ihm ritten. Daraus resultiert gewiß die Idee, und zwar die Zufallsidee, die den Einhufer in den Hausstand führte, was einen gewaltigen Schritt Kulturgeschichte bedeutete. Der Einhufer wurde zum revolutionierendsten Haustier aller Zeiten.

Die Begriffe «wild», «zahm», «gezähmt», «hausbar gemacht (domestiziert)» sind streng auseinander zu halten. Prof. Dr. H. Hediger (10) hat vor zwei Jahrzehnten erstmals diese Eigenschaften deutlicher umschrieben. «Zahm» besagt das Ausgeschaltetsein der elementaren Fluchttendenz der flüchtenden Wildtiere. «Zähmung» bedeutet künstliche Aufhebung der Fluchtreaktion. Sie beschränkt sich unvererbbar auf Einzeltiere und erlischt wieder ohne wesentlichen Einfluß auf die betreffende Tierart. Jedoch die «Hausbarmachung», die fortwährende, sich über unzählige Generationen ausdehnende, hundert, ja tausend Jahre alte Zähmung derselben Tierart, formt in körperlicher und seelischer Hinsicht durch stete Auslese ganze Tierarten um. Vor allem wurde beim Hauspferd durch die jahrtausendalte Domestikation die Furcht vor dem Feind Nummer 1, vor dem Menschen, «eingefroren». Es gibt aber Beispiele genug, die beweisen, wie verhältnismäßig überraschend schnell entkommende oder ausgesetzte Hauspferde ihr einst eingedämmtes, ursprüngliches, wildes Leben wieder führten, und jedermann, der mit Pferden zu tun hat, weiß aus eigener Erfahrung, daß die natürlichen Anlagen oft auch beim angeblich brävsten Ackergaul unter gewissen Umständen wieder zum Durchbruch kommen können. Den Beweis, daß Dressurleistungen beim Tier ohne Vererbung erworbener Eigenschaften erreicht werden können, liefern am augenfälligsten die Elefanten als Zirkusartisten und als Arbeitselefanten im burmesischen Dschungel. Elefanten werden für Gebrauchszwecke infolge langer Tragzeit und geringer Nachkommenzahl in Gefangenschaft nicht gezüchtet, sondern stets in der Wildnis eingefangen, gezähmt und dressiert.

Reiz und Reizbarkeit der Einhufer

Um das Wesen eines Haustieres richtig beurteilen zu können, sind nicht nur die Kenntnisse von der Herkunft und der Lebensweise der wildlebenden Vorfahren notwendig. Ebenso sehr ist das Wissen um die Sinnestätigkeiten erforderlich. Darin sind sich gewiß alle Forscher einig.

Veränderungen, die auf die Lebewesen einwirken, werden als Reize bezeichnet, die am zweckmäßigsten der Energieform nach auseinander gehalten werden. So spricht man von chemischen, akustischen, mechanischen und andern Reizen.

Die Grundlage aller Lebewesen ist die Reizbarkeit, d.h. die Fähigkeit, auf Reize zu reagieren. Die Reizaufnahmen erfolgen an den Reizaufnahmestellen der Sinnesorgane. Die alte Einteilung nach den fünf Sinnesorganen wurde von den modernen Wissenschaftern aufgegeben, da ja viele Tiere und auch der Mensch über mehr als nur fünf Sinnesorgane verfügen. Nachfolgend stelle ich den bedeutendsten Sinnesorganen die hauptsächlichsten hier in Frage kommenden Reize gegenüber.

Geschmack- und Geruchsinnesorgane

Chemische Reize: Gerüche von Schlachthöfen, Kriegsschauplätzen, Schmieden, Gerbereien, Pferdeställen; Pulverdampf, Rauch, Fleisch, Blut, Kadaver, Leichen, Hornbrände, Chemikalien, Artgenossen u. a.

Die Geschmacksinnes- und Geruchsinnesorgane sind eng miteinander verbunden. Beide Sinne dienen der Aufnahme von chemischen Reizen. Der Geschmacksinn ist dem Pferde für die Orientierung nicht behilflich, und er fällt auch weniger in Zusammenhang mit den Pferdeunarten auf. Hingegen spielt der Geruchsinn eine wesentliche Rolle; ist doch dieser Sinn des Pferdes derjenige, der am besten arbeitet.

Aus der Literatur vernimmt man verschiedentlich, daß wildlebende Einhufer gegen den Wind gehen und imstande sind, das zu tun, was man beispielsweise beim Rehwild «wittern» nennt; eine Eigenschaft, die den Tieren zur Feindvermeidung und gewiß auch zur Umgehung von Steppenbränden und anderen Bedrohungen dient. Dr. Klaus Zeeb (11), der die Fluchtverhältnisse an Primitivpferden in Freigehegen studiert hat, konnte immer wieder feststellen, wie der Fluchtweg stets in einem Bogen verlief, wobei die Tiere darnach trachteten, die Witterung der Bedrohung zu bekommen. Gegenüber uns Menschen und auch gegenüber anderen Tierarten, z. B. Affen und Raubtieren, verfügt das Pferd ja geradezu über eine überdimensionale Beschaffenheit der Geruchsinneswerkzeuge. Somit unterscheidet man zwischen Augen- und Nasentieren. Dr. Stefan von Màday (12) meint sogar: «Ein bösartiges Pferd kennt das Angstgefühl des sich ihm nähernden Menschen am Angstduft und greift ihn an, während es entschlossene, energische Menschen in vielen Fällen schont.» Dr. Emil Hauck (13) ist der Ansicht, daß der Geruchsinn des Pferdes dem des Hundes keineswegs nachsteht, sondern ihn sogar übertrifft. Das Pferd wäre gewiß geruchempfindlich genug, um auch wie der Hund «spüren» zu können, doch fehlt ihm hierzu das Beuteschema als Pflanzenfresser. Eigene Versuche haben ergeben, daß Hauspferde auf Tiger-, Löwen- und Wolflosungen (Urin, Kot, Haare) nicht besonders reagieren.

Gehörsinnesorgane

Akustische Reize: Detonationen von Kanonen und besonders von automatischen Feuerwaffen und Geräusche aller Art; Trommeln, Trompeten, Fahrzeuglärm, Hufgetrampel, Papierrasseln, heulender Sturmwind, Stimmungsäußerungen von Artgenossen und anderen Tieren, Summen von Insekten u. a.

Die leisesten Geräusche genügen, um das schlafende oder dösende Pferd aufzuwecken, insofern sie der Bedrohungssphäre angehören. Pferde orientieren sich in erster Linie nach dem Gehör. Dies verrät das lebhafte Ohrenspiel. Die beweglichen, paarweise angebrachten Ohrmuscheln erlauben dem Tier, nicht nur Schallwellen aufzunehmen; das von vielen Feinden bedrohte Wildpferd wird dadurch in die Lage gesetzt, eine Schallquelle zu lokalisieren. Bei Zirkusdressuren konnte ich immer wieder feststellen, wie Pferde auf ihre Namen reagieren, selbst wenn verschiedene Tiere mit ähnlichlautenden Namen benannt wurden. Im weiteren hat auch der Gleichgewichtssinn im Ohr seinen Sitz. Der ständig verfolgte, wildlebende Pflanzenfresser bewegt seine Ohren stets, um bei schlechter Sicht die Mängel des Gesichtssinnes mit dem Gehör auszugleichen. Indem der Einhufer leisere Geräusche als der Mensch wahrzunehmen vermag, ist er in dieser Hinsicht dem Menschen überlegen. Jedoch verfügt der Mensch über ein weit bedeutenderes Tongedächtnis.

Gesichtssinnesorgane

Optische Reize: ungewohnte, unheimlich wirkende Bewegungen, Farben und Gegenstände, z. B. stürzende Bäume, fallende Wasser, Steinschläge, Lawinen, Fahnenschwingen, Peitschenschläge, fallende Landen, herannahende Fahrzeuge, Baumaschinen, Menschen, Artgenossen, andere Tiere, grelles Licht, Sonnenflecken, spiegelnde Pfützen, Papierfetzen, Schatten, dunkle oder helle Gegenstände, Straßenpflaster, Abgründe, Wasserläufe, Brückengeländer, Gewölbe, Stalldecken, Türbalken, Kilometersteine, Armheben, Kinderwagen, Landkartenentfalten u. a.

Ein blindes Pferd kann recht und schlecht noch seinen Dienst verrichten. Als bestes Beispiel hierzu dienen die Grubenpferde, die alle im Verlaufe von wenigen Jahren vollkommen erblinden. Ein blinder Hund wird sich auch noch zurecht finden, nie aber etwa eine sehunfähige Katze oder ein blinder Vogel. Verschiedene Beispiele zeugen davon, daß der Gesichtsinn des Pferdes für seine Arbeitsleistung ein eher untergeordnetes Organ darstellt, so unter anderem die üppigen, verschiedenen Rassen eigenen Stirnmähnen, die die Sicht beeinträchtigen. Jedoch bezugnehmend auf die in dieser Arbeit zu behandelnden psychischen Fehler der Hauspferde ist zu sagen, daß ein Großteil der Fälle, in denen Pferde scheuen, durch Sehfehler verursacht wird. Prof. D. Wirth (7) und andere Autoren bemerken, daß dies in ungefähr 80 Prozent der Fälle zutrifft. Wie bei uns Menschen, so ist auch bei den Pferden die Leistungsfähigkeit der Sehorgane ganz unterschiedlich. Das bedeutend größer geschaffene Pferdeauge müßte eigentlich genauer sehen als das unsrige; doch ist nicht gesagt, daß alle Wahrnehmungen des Pferdes auf dieses überhaupt ansprechen. Ein Hauspferd sieht nur das, was seine wildlebenden Vorfahren auf der Steppe sehen mußten, in erster Linie die Bewegungen von anschleichenden Raubtieren und andere Bedrohungen. Hierin sind die Pferde in der Tat uns Menschen überlegen. Das Pferd reagiert oft auf Bewegungen von Millimeterbruchteilen, die das menschliche Auge nicht mehr wahrnehmen kann. Auch in der Dunkelheit sieht das Pferdeauge bedeutend besser als das Menschenauge. Dr. Stefan von Màday (12) berichtet von Oberst Spohr, der einst ein Pferd besessen haben soll, das bei dunkler Nacht einmal unter seinem Reiter, der gar nichts sehen konnte, etwa fünfzig über einen Meter breite Bewässerungsgräben sprang. Indem die Augen des Pferdes halbseitlich hoch oben am Kopfe liegen, verfügt es über ein sehr großes Blickfeld. Sogar in weidender Stellung ist es dem Pferde möglich, sozusagen den ganzen Horizont zu übersehen.

Prof. Dr. Bernhard Grzimek (14) hat mit interessanten Dressurversuchen über das Farbsehen und die Sehschärfe der Pferde nachgewiesen, daß diese, gleich wie wir, die Hauptfarben Gelb, Grün, Blau und Rot als Farben sehen können. Weitere Pferdeversuche desselben Tierforschers (15) haben bewiesen, wie Pferde plastische Nachbildungen und Bilder von Pferden, selbst weitgehend vereinfachte, mit den gleichen Begrüßungszeremonien behandeln wie lebende Artgenossen. Gelegentlich kommt es ja vor, daß Einhufer Pferdeplakate, die für eine Pferdekonkurrenz, für einen Pferdemarkt oder für eine andere Pferdeveranstaltung werben, anwiehern oder gar beriechen und beschnuppern. Das Wiedererkennen der verschiedenen Einhuferarten unter sich erfolgt visuell; Bewegungen und Geruch spielen dabei eine untergeordnete Rolle. Prof. Dr. B. Grzimek testete auch Zebras auf freier Wildbahn, wobei er die gleiche überraschende Feststellung machen konnte.

Es soll Pferde geben, die im Stadtverkehr die Lichtsignale verstehen. So berichtete die «Oberländer Volkszeitung» in Spiez (16) von einem Pferd in Amiens (Frankreich), das dem Besitzer, einem Gemüsehändler, als dieser sich in einem Laden aufhielt, durchging und nach Hause floh. Amiens ist eine Stadt mit rund 100 000 Einwohnern. Den Verkehrspolizisten, die danach befragt wurden, war gar nicht aufgefallen, daß das Gefährt herrenlos war. Bei Rot blieb der Gaul stehen, und bei Grün trabte er weiter.

In einem Gehege im Münchner Zoo, in dem sich verschiedene afrikanische Tierarten, so auch Angehörige zweier verschiedener Zebraarten, nämlich Damara- und Hartmannzebras aufhielten, konnte ich bei diesen beiden Gruppen einen ständigen Kleinkrieg beobachten. Dabei diente der Gesichtssinn zur Orientierung. Die verschiedenartigen Tigerpferde erkannten sich optisch an der unterschiedlichen Streifenzeichnung. Das schwarzweiß gezeichnete Zebrakleid dient weniger der Tarnung als der optischen Markierung. Die beiden Böhmzebras im Georg-von-Opel-Freigehege, die eingehend von Eberhard Trumler (17) untersucht wurden, erkannten ihren Wärter auf etwa 500 Meter Entfernung.

Dem Pferdekäufer, der ein Tier ohne Garantieleistung übernehmen muß, ist zu empfehlen, vor dem Kaufabschluß auch das Gesicht des Pferdes zu prüfen. Dies erfolgt am besten durch den Pferdarzt. Doch kann der Praktiker aber auch mit Karotten- oder Zuckerstückchen eine Gesichtsprobe bei Pferden anstellen.

Eine Reihe von zum Teil schwer erforschbaren Sinnessystemen befindet sich in der Haut. So jene Stellen, die Schmerzen, Kitzeln, Jucken, Luftzug, Berührungen, Druck, Temperaturen und andere Reize empfinden. Wir nennen sie zusammenfassend Haut-Sinnesorgane. Diese dienen dem Schutze der Haut, die ja besonders vielen Schädigungen ausgesetzt ist.

Eine wichtige Einrichtung, die ebenfalls den Sitz in der Haut hat, ist das Tastsinnessystem. Sogenannte Tastkörperchen sind in der ganzen Pferdehaut verteilt, und zwar so eng, daß gewissermaßen jedes Hautfleckchen zu reagieren vermag. Besondere Zentren finden sich in Oberlippe, Zunge und Vorderfuß. Pferde verfügen über einen vortrefflichen Tastsinn. Das Maximum einer Tastsinnesleistung bei Pferden lieferte wohl das Zirkuspferd (Zirkus Krone), das jeweils eine Stecknadel apportierte. Besonders dem blinden Pferde kommt der Tastsinn vortrefflich zugute. Die Oberlippe des Pferdes ist so empfindlich, daß es bei Anwendung der sogenannten Nasenbremse eine gleichzeitige andere Einwirkung kaum wahrnimmt.

Ferner ist die Schmerzempfindung zu erörtern. Charakteristisch bei Schmerzwahrnehmungen sind die Bewegungen wie rasches Zurückziehen des gereizten Gliedes, Schreie usw. Zur Reizaufnahme dienen die sogenannten Woolardschen Schlingen, die Ruffinschen Körperchen, die Meißnerschen Körperchen und andere zum Teil noch unbekannte Einrichtungen. Ohne scharfe Abgrenzung geht das Phänomen Schmerz in den Bereich des Gefühls über. Wir können sagen, der Schmerz sei für das Leben von so großer Bedeutung, daß ihm ein eigenes Sinnessystem zugeordnet ist. So wie es Blinde und Taube gibt, gibt es auch, allerdings in ganz seltenen Fällen, bedauernswerte Menschen, die keinen Schmerz verspüren. Untersuchungen haben ergeben, daß niedere, wirbellose Wesen keinen Schmerz empfinden können, da ihnen die Einrichtungen hierzu fehlen. Die Arterhaltung ist bei diesen Tieren durch eine enorme Fruchtbarkeit gesichert.

Die Sinnesorgane unserer Pferde arbeiten so, wie sie für die Wildpferde zur Selbsterhaltung und Arterhaltung notwendig waren. Rätselhaft erscheint uns oft das Verhalten der Pferde, so daß wir Menschen geneigt sind, von einem «sechsten Sinn» zu sprechen. Im Grunde ist es aber nichts anderes als das unglaublich fein abgestimmte Spiel aller Sinne, das uns in Staunen versetzt. Die Sinnesorgane der Pferde stehen in Wechselbeziehungen. Ein Eindruck, der durch ein Sinnesorgan zur Wahrnehmung gelangt, wird häufig noch in einer weiteren Prüfung durch ein anderes Sinneswerkzeug untersucht. Dies ist aber durchaus nicht immer der Fall. Auch Sinnestäuschungen sind möglich, besonders, wenn Fehler der Sinnesorgane vorliegen und insbesondere, wenn im Gedächtnis des Tieres Schreckereignisse schlummern, die dann wieder bei ähnlichen Umständen zur Erinnerung gelangen. Gerade das Wildpferd würde längstens dem Wolf oder dem Tiger zum Opfer gefallen sein, wenn es jedesmal den Reizauslöser genau untersuchen wollte. So läßt es sich erklären, wie ein Hauspferd urplötzlich wegen einem Papierfetzen, einem fallenden Blatt, einem auffliegenden Vogel oder gar aus einem für uns nicht feststellbaren Grunde Scheuverhalten zeigt.

Dem Wildpferde ist ein weites Feindschema eigen. Beim Gehen beobachtet der wildlebende Einhufer scharf die Umgebung und stutzt vor der geringsten Veränderung auf dem gewohnten Wege. Änderungen, die an Zoogehegen vorgenommen werden, in denen wilde Einhufer untergebracht sind, werden immer erst kritisch beachtet. Der Wildling hat aber auf der Steppe keine Zeit, solche geänderte Zeichen am Wege lange zu untersuchen. So läßt sich beim Hauspferd die Verwechslung einer scheinbaren Gefahr mit einer wirklichen vielfach aus uralten Gewohnheiten des Steppenlebens ableiten.

Auch das Menschenleben ist von vielen Täuschungen bedroht. So sterben beispielsweise gelegentlich Menschen angeblich infolge von Giftschlangenbissen. Bei der Untersuchung wird dann festgestellt, daß gar keine Giftübertragung stattgefunden hat und daß die Angst als Todesursache verantwortlich gemacht werden muß.

Prof. Dr. Karl Lutz (18) beurteilt das Scheuen des domestizierten Pferdes als «rudimentäre Instinkthandlung», die für das Hauspferd vielfach Verderbnis bedeutet. Gregor von Romaszkan (19) erzählt ein treffendes Erlebnis einer Sinnestäuschung: «Ich ritt einst in klarer Vollmondnacht auf einer kalkweißen Straße, die vom Mondlicht fast taghell beleuchtet war. In Abständen von etwa 15 bis 20 m standen Bäume, die dunkle Schatten quer über die Straße warfen. Meine Stute, die ich zum Turnierspringen auszubilden gedachte, die ich jedoch auf Grund einiger Anzeichen im Verdacht der Schwachsichtigkeit hatte, sprang über jeden einzelnen Schatten, als ob es sich jedesmal um ein Hindernis handelte. Sie war durchaus nicht zu bewegen, einen Fuß auf einen dieser dunklen Streifen zu setzen. Nichts half; sie sprang den ungefähr 4 km langen Weg fehlerlos über sämtliche Baumschatten und wir kamen beide schweißtriefend ans Ziel. Nach dieser Erfahrung gab ich die Ausbildung der Stute zum Springpferd auf.»

Tierpsychologische Grundbegriffe

Das Leben ist gekennzeichnet durch die beiden Merkmale der Reizbarkeit und der Zielstrebigkeit. Wir wollen uns nun mit dem Letzteren etwas befassen. Die Tätigkeiten der höher entwickelten Tiere lassen sich, grob genommen, in Impulsivbewegungen, Reflexbewegungen, Instinkthandlungen, Übersprungsbewegungen, Ausdrucksbewegungen, erfahrungsbedingtes Verhalten, Automatismen und einsichtiges Verhalten unterscheiden.

Der Anreiz zu den Impulsivbewegungen stammt aus dem geheimnisvollen Innern der Tiere. Das Strecken der Glieder, das Gähnen und das Ausschachten nach der Ruhe der Pferde zählen zu diesen Handlungsweisen.

Reflexbewegungen nennt man jene Muskelbewegungen, bei denen keine psychischen Vorgänge wirksam werden, wie z. B. das Husten, das Aufschreien des Zuschauers bei einem Autounfall oder das Vergrößern der Pupille je nach der Helligkeit des Lichtes. Die erste Reaktion eines Pferdes nach einem Erschrecken ist meistens derart plötzlich, daß wir versucht sind, diese Bewegung als Reflexbewegung zu beurteilen. Auf Erschrecken erfolgt der Fluchtreflex, auf Kitzelreiz der Wischreflex, auf Juckreiz der Kratzreflex usw. Schon Darwin faßte das Scheuen der Pferde als einen Reflex auf. In der Tat: Zeit bedeutet für den wilden Pflanzenfresser zwar nicht Geld, jedoch oft das Leben. Der Fluchtbeginn wäre demnach mit einem unserer Reflexe zu vergleichen, als wirksame Schutzmaßnahme unseres Körpers, die keinerlei Beanspruchung höherer Nervenzentren bedarf, wie z. B. mit dem Sichducken oder dem Schließen der Augenlider beim Herannahen eines Gegenstandes. Reflexe sind, wie die Instinkte, angeborene Verhaltensweisen. Die Verwandtschaft oder die Verknüpfung dieser beiden Fakten stehen heute noch zur Diskussion.

Kurze Zeit nach der Geburt sucht das Fohlen die Milchquelle und findet sie. Niemand muß dem jungen Leben hierzu eine Anleitung erteilen. Die Mähre frißt nach der Geburt die gewisse Wirkstoffe enthaltende Nachgeburt. Der Mutterstute, die davongaloppiert, wenn wir in die Koppel treten, folgt das Fohlen. Ein mir bekannter Ponyhengst, der als halbjähriges Fohlen in Privathände kam, also von Artgenossen isoliert wurde und dann als zuchtfähiger Hengst in den Zoo gelangte, hieb, biß und schlug nach seinem älteren Rivalen, so daß eine Trennung vorgenommen werden mußte. In der Folge deckte er wie ein «Ausgelernter» seine «eroberten» Stuten. Keine dieser Tätigkeiten hat der Hengst erst lernen müssen; sie waren ihm angeboren, und diesen Fähigkeiten haben die Forscher seit alter Zeit den Namen «Instinkt» gegeben. Instinkte sind arteigentümliche, angeborene Verhaltensweisen der Lebewesen, die beim einsichtigen, überlegenden Menschen verhältnismäßig nur noch in bescheidenen Resten vorkommen. Den Zweck der instinktiven Handlung kennt das Tier gar nicht. Der Ursprung der Instinkte ist eines der größten Rätsel, das uns die Natur aufgegeben hat. Man nimmt an, daß sie wie die Formen und Farben der Lebewesen entstanden sind. Sie ermöglichen dem Tier, den größten Teil seines Daseins in einer Art schlafwandlerischer Sicherheit zu durchleben. Instinkthandlungen sind so starr, daß sie oftmals zweckwidrig ablaufen. Das Scharren der Stadthunde nach der Kotabgabe auf dem Straßenpflaster und in vielen Fällen auch das Scheuen der Hauspferde beweisen dies.

Wie wir uns auch die Entwicklungsgeschichte der Einhufer vorstellen mögen, immer waren es die äußeren Faktoren, Boden, Klima, Nahrung, Feinde usw., die im Verlaufe der Jahrmillionen die Entwicklung erzwangen, neue Einrichtungen schufen, den Einflüssen der Umwelt, den Stürmen des Lebens zu begegnen. Jede Form, jedes Organ und jedes Verhalten ist Anpassung und wurde auf die kommenden Generationen vererbt. Somit läßt sich die Entstehung eines Körperteils oder einer Verhaltensweise aus den primitiven Anfängen heraus begreifen, wenn wir das Lebensdasein der Vorfahren oder Urahnen unserer Hauspferde kennen, unter denen sie ihre Tage zubringen mußten.

Der Ausdruck Instinkt stammt vom lateinischen instigatio, lautet wörtlich übersetzt Antrieb oder Anreizung und wird gewöhnlich deutsch mit Trieb wiedergegeben. Es gibt Forscher, die die Bezeichnung Trieb aus ihren Werken verbannt haben. Andere halten Trieb und Instinkt auseinander. Triebe (Bewegungstrieb, Fluchttrieb, Herdentrieb, Heimkehrtrieb, Kampftrieb, Nachahmungstrieb, Fortpflanzungstrieb u.a.), so sagen sie, sind Voraussetzungen zu Handlungen, eben zu Instinkthandlungen. Sie halten also Trieb und Ausführung auseinander und bezeichnen nur das letztere als Instinkt.

Reflexe und Instinkte arbeiten rein automatisch, auf denselben Eindruck immer mit derselben Reaktion. Es ist ja vorteilhaft für das Steppentier, vor jedem Geräusch, vor jeder auffälligen Bewegung und Berührung Reißaus zu nehmen – aber unpraktisch, entsetzlich unpraktisch und verhängnisvoll für das hausbar gemachte Pferd, das von Menschenhand versklavt ist. Die Halfter, d.h. die Domestikation, stellte das Pferd in eine andersgeartete, unbiologische, folgenschwere Umgebung, in der sein Triebleben unterbunden ist. Aus dieser Situation der Langeweile, des Zwanges, der unbefriedigten Triebe, des befohlenen Müßiggangs usw. ergeben sich Probleme, die dem Pferde und dem Menschen oft große Sorgen bereiten.

Wird ein Tier in eine Konfliktlage versetzt, so reagiert es vielfach mit sogenannten Übersprungsbewegungen, die sich aus der Situation Zielstrebigkeit/Verhinderung ergeben. Eine ganze Anzahl von Verhaltensweisen unserer Pferde, von denen das Scharren wohl das häufigste ist, sind als solche anzusehen.

Bewegungen, die einen inneren Zustand ausdrücken, nennt man Ausdrucksbewegungen. Ungewollt dienen sie den Tieren als Mitteilungen. Erinnert sei an die Schweifbewegungen oder an die der Ohren. Schweif und Ohren der Pferde gelten mit Recht als Seelenbarometer.

Tiere führen aber nicht nur Instinkthandlungen aus; ein Pferd kann mit Hilfe seines sehr gut entwickelten Erinnerungsvermögens durch Erfahrung klüger werden. Der Gebrauch der Sinneswerkzeuge setzt Erfahrung voraus. Besonders im Spiel lernt das junge Wesen seine Sinne richtig zu gebrauchen. Hinter Orientierung und Wahrnehmung steckt also Erfahrung. Unsere Bundespferde im Militärdienst stützen jeweils schon bei der ersten Haferfütterung den Kopfsack auf, um so besser zum Futter zu kommen. Sie handeln aus Erfahrung. Ebenfalls tun dies die Zuchthengste in Avenches, wenn sie von den Außenstationen zurückkommen und die Tränkeautomaten betätigen, um Wasser aufzunehmen. Es gibt viele treffende Beispiele, die beweisen, wie fabelhaft die Erinnerungsfähigkeit der Einhufer arbeitet. Pferde erkennen ehemalige Betreuer nach Jahren wieder. Bekannt sind auch die Grubenpferde, die ihren Dienst verweigern, wenn ein Karren mehr als gewohnt angehängt wird. Schließlich beruht ja die ganze Dressur des Pferdes auf seinem Erinnerungsvermögen. Für gute Leistung wird es belohnt, für unerwünschtes Verhalten getadelt. Das Tier assoziiert (verbindet) erwünschtes Verhalten mit Belohnung und handelt wiederholt so, bis es ihm zur Gewohnheit wird. Doch resultieren verschiedene Unarten der Hauspferde auch aus übler Erfahrung, aus unzweckmäßiger Haltung und Dressur. Schon mancher brave Gaul wurde deswegen zum Schläger, Beißer, Durchgänger usw. Mit unangebrachter Strafe erzieht man Pferde zur sogenannten Bösartigkeit. Strafe verliert beim Pferd ihre Wirksamkeit und führt zu Gedächtnisverwirrungen, wenn sie nicht in demselben Augenblicke zur Anwendung kommt, in der etwas Unerwünschtes begangen wird.

Nicht immer sind aber menschliche Unzulänglichkeiten schuld an erfahrungsbedingten Unarten. Ein Pferd, das an einem bestimmten Orte, bei einer bestimmten Begebenheit einen Schreck erfährt, wird immer wieder scheuen, wenn es mit den beim betreffenden unglücklichen Vorkommnis gegebenen Umständen in Verbindung gebracht wird, wie dies der Gießener Psychiater Prof. Dr. Robert Sommer (20) wie folgt darlegte: «Auch bei der eigenartigen Schreckhaftigkeit des Pferdes gegenüber Veränderungen des im Gedächtnis behaltenen Gesichtsfeldes spielen sehr wahrscheinlich assoziierte Vorstellungen eine verstärkte Rolle. Ganz deutlich wird dies bei genauer Beobachtung im akustischen Gebiet. Während das Tier z. B. an das Geknatter von hinten kommender Motorräder gewöhnt ist und ruhig weiter läuft, ohne ausweichende Bewegungen nach der entgegengesetzten Seite von dem vorbeifahrenden Motorrad zu machen, reagiert es z. B. auf Trompetensignale, die zufällig oder absichtlich in seiner Nähe gemacht werden, mit dem Zeichen heftiger Angst. Auf der Heide am Schifferberg, die dicht am Walde liegt, ist es vorgekommen, daß nach einem von einem Bauernburschen geblasenen Trompetensignal das Tier durch einen heftigen schreckhaften Ruck die Kette sprengte, die Höhe hinaufraste, dann auf einem ganz mangelhaften Stufenweg, der in einen Basaltfelsen geschlagen ist, in einen mit Pflanzungen versehenen Steinbruch und durch diesen weitersprang, glücklicherweise ohne sich zu verletzten, was bei der Besichtigung dieser Stelle fast unbegreiflich erscheint. Auch hier ist es sehr wahrscheinlich nicht die Stärke des akustischen Reizes, sondern eine Reihe von primitiven Vorstellungen, die bei dem Tier, das bei dem Feldzug in Mazedonien verwendet worden war, ausgelöst wurden.»

Somit ist zu unterscheiden zwischen angeborenen (Instinkte) und erworbenen (Erfahrung) Inhalten der Psyche. Das Verhalten des Tieres setzt sich zumeist aus veränderlichem Erlernten mit Instinktbewegungen zusammen. Der Tierpsychologe nennt dies Verschränkung. Ein Pferd scheut z. B. vor der Anwendung der Peitsche und geht durch. Die Angst vor ihr ist ihm nicht mit auf die Welt gegeben worden; es muß aus eigener, übler Erfahrung gelernt haben, ihr auszuweichen. Das Flüchten ist aber wiederum eine Instinkthandlung. Solche Verhaltensweisen sind nicht nur einfach automatische Reaktionen auf Sinnesreize, sie sind nicht einfach nur an bestimmte Reizwahrnehmungen gekuppelt; das Gedächtnis, die Erfahrung, spielt eine gewichtige Rolle mit. Ein Pferd kann deshalb nicht nur allein eine Maschine sein, deren Bewegungen sich rein physikalisch und chemisch erklären lassen, wie dies Leute, die unter Tierseelenkunde die Wissenschaft von der nicht vorhandenen Seele des Tieres verstehen, gerne tun möchten.

Sind nun die Gebarungen der Hauspferde, die im Zusammenhang mit den Unarten stehen, instinktiv begründet, oder beruhen sie auf Erfahrung? Der Kaspar-Hauser-Versuch von Prof. Dr. Bernhard Grzimek (21) gab auf diese Frage Antwort. Er ist meines Wissens der einzige Versuch dieser Art, der je mit einem Pferde vorgenommen wurde. Der genannte Tierforscher isolierte unmittelbar nach der Geburt ein Hengstfohlen und hielt es während 64 Tagen so, daß es weder die Mutter noch ein anderes Pferd zu sehen bekam. Bei diesem einmaligen und leider verhältnismäßig kurzfristigen Versuch wurden folgende Verhaltensweisen, die für die vorliegende Arbeit interessant sind, festgestellt: Bewegungshemmungen in neuer, unbekannter Umgebung; Wegspringen beim Erschrecken; plötzliches Emporspringen und Ausschlagen bei Berührung bestimmter Körperstellen; Körperstellung mit den Hinterbeinen zum Feind hin.

Gegenüber Knallgeräuschen verhielt sich das Fohlen nicht anders als von der Mutter geführte Fohlen. Zu fremden Tieren (Hund, Schwein, Kauz, Löwe, Kuh, Pferd) verhielt es sich je nach deren Größe und Benehmen ängstlich, interessiert oder angriffslustig. Ferner: Aufsuchen körperlicher Berührung mit dem vertrauten Wesen (Mensch); Umspringen vertrauter Wesen; Flucht zu ihnen bei Gefahr; Annäherung mit ihnen zusammen an gefährliche Gegenstände. Pferdebild wurde nicht erkannt. Das Fohlen folgte nicht bestimmten Menschen, sondern schlechthin Menschen, und umkreiste diese wie natürlich aufgezogene Fohlen die Mutterstuten. Scharren als Übersprungsbewegung vor der leergetrunkenen Milchschüssel.

Als das Versuchsfohlen am 64. Tage zum ersten Male Pferde sah, zeigte es sich diesen gegenüber ebenso ängstlich wie zuvor zu einer etwa gleich großen Kuh; es geht nicht zu Pferden heran; erschrickt bei deren Schweifbewegungen. Keine Begrüßung. Keine Erkennung. Mußte dann mit Gewalt ins Freie geschoben werden. Folgte dem Betreuer. Auf der Pferdeweide immer dem Betreuer nach, keinen Anschluß an Artgenossen suchend.

Dieser Versuch, der in der Pferdekunde viel zu wenig beachtet wurde, brachte eine verblüffende Tatsache an den Tag, nämlich, daß das Pferd kein angeborenes Schema eines Artgenossen besitzt. Übrigens wurde diese Eigenheit schon vorher bei Versuchen mit Vögeln ebenfalls festgestellt. Die Zusammengehörigkeit zu Pferden lernt das Fohlen. Das Versuchsfohlen zeigte wohl ein Anschlußbedürfnis, aber keinen Herdentrieb einer Pferdeherde gegenüber; es betrachtete beim Bekanntwerden mit einem Artgenossen nicht etwa diesen als seinesgleichen, sondern das Wesen, mit dem es seit den ersten Lebensstunden zusammen war, den Menschen.

Die Humanpsychologie bezeichnet unbewußt ablaufende, sich stets wiederholende Handlungen mit Automatismen. Auch beim Pferde können erfahrungsbedingte und übersprungsbedingte Bewegungen solange ausgeführt werden, bis sie zwangsartig, eben automatenhaft ablaufen, ohne daß dabei das Haupthilfsmittel der Seele, die höheren Nervenzentren, beansprucht werden. Die andressierten Leistungen, z. B. das Gehen und Ziehen des Pferdes am Wagen, sind solche Handlungen; aber auch einige Unarten, so das Koppen und das Weben, arten beim Pferdegeschlecht oft zu eigentlichen Manien aus.

Viel Tierisches steckt im Menschen und viel Menschliches birgt auch das Tier, denn Mensch und Tier sind keine Gegensätze. Nur Hinterwäldler mögen in dieser Feststellung eine Erniedrigung des Menschen sehen. Körperlich und seelisch sind bekanntlich die Menschenaffen, voran die Schimpansen, unsere nächsten Verwandten im Tierreich. Diese interessanten Tiere, mit denen ich mich seit Jahren beruflich zu befassen habe, verfügen über dieselben Blutverhältnisse, dieselbe Zahnregel, dieselbe Anzahl Chromosomen und anderes mehr, wie wir Menschen, und auch betreffend ihrer seelischen Regungen setzen sie uns immer wieder in Staunen. In den letzten Jahren sind hervorragende diesbezügliche Forschungsarbeiten von Amerikanern veröffentlicht worden. Zweifellos ist bei diesen höchst organisierten Wesen ein Anflug von verständigem Tun zu erkennen. Man sagt, der Schimpanse stehe psychisch auf der Stufe eines vierjährigen Kindes. Die Bezeichnung «einsichtig» oder «intelligent», um das Fremdwort ebenfalls zu nennen, verdient ein Tier dann, wenn es über die Fähigkeit zu zukunftsbedingten Entscheidungen zwischen Handlungsmöglichkeiten verfügt. Eine solche Handlung setzt höheres Denken voraus, was wir mit bloßen Gedächtnisleistungen oder mit erfahrungsbedingtem Verhalten nicht verwechseln dürfen. Es gäbe viele Forschungsergebnisse und Erlebnisse mit Affen anzuführen, die beweisen, daß diese Primaten Beziehungen und Zusammenhänge der von ihnen wahrgenommenen Vorgänge erkennen können und die gewiß darüber Aufschluß geben, daß die Psyche der Tiere und der Menschen keineswegs scharf von einander abtrennbar ist, sondern, daß es einen Übergang gibt, so etwa wie ein solcher in physischer Hinsicht zwischen der Flora und Fauna feststellbar ist.

Nun aber wieder zurück zu unserem Pferd. Ist dieses in der Lage, einsichtig zu handeln? Wohl kaum, um gleich die Antwort auf diese Frage zu geben. Ein bekannter Zirkusdirektor sagte vom Pferde, daß dieses «das dümmste Viehzeug der Welt» sei. Das Roß ist weder intelligent noch dumm im menschlichen Sinne; es verhält sich pferdegemäß. Psychologisch gesehen, ist der Einhufer uns Menschen mit gewissen Sinnesleistungen überlegen. Er hört besser, sieht in der Dunkelheit besser und sieht vor allem minimale Bewegungen, die das Verstandeswesen Mensch nicht mehr wahrnehmen kann. Das Pferd lebt in seiner Welt, d. h. in der Welt des gesellig lebenden, fliehenden Pflanzenfressers und nicht in der unsrigen. Jene Handlungen des Pferdes, die wir so oft mit «Klugheit» belegen, beruhen auf Instinkt und Erfahrung. So gibt es unter Pferden richtiggehende Künstler, denen es

z. B. wiederholt gelingt, die Halfter abzustreifen, um so zur Futterkiste oder zum Gespanen zu gelangen, oder solche, die mit einer solchen Leidenschaft dem Koppen frönen, daß es ihnen mehrmals unter geänderten Verhältnissen gelingt, sich des Koppriemens zu entledigen. Solche «Wundertiere» probieren erst; spielerisch, ja zufällig stellt sich der erste Erfolg ein. Was nachher folgt, sind Gedächtnisleistungen, und hier liegen die Grenzen. Das Zurechtfinden des Reitpferdes im wechselnden Terrain, bei Nacht, bei Schneegestöber und bei Staub, beruht auf Training, also auf Erfahrung und nicht auf Einsicht.

Die Frage nach der Intelligenz der Tiere ist eine der schwierigsten der ganzen tierpsychologischen Forschung, und es gibt Forscher, die in den tierischen Intelligenzbereich auch die Gedächtnisleistungen einbeziehen. Der Regel der einfachsten Erklärung folgend, wollen wir hier davon absehen. Pferdefanatiker sind zwar oft beleidigt, wenn man das Menschliche in ihren Lieblingen so tief ansetzt. Wer unter einer Verstandesleistung das Vorbedenken der Mittel und Wege, die zu einem Ziele führen, und unter Vernunfthandlung das vorherige Vorstellen der Folgen einer Verstandeshandlung versteht, wird wohl nie in der Lage sein, eine höhere seelische Leistung eines Pferdes nachweisen zu können, als eine Gedächtnisleistung, die wir ja ohnehin als großes Wunder der Schöpfung betrachten müssen.

Gefühle und Gefühlsäußerungen

Tiere sind Sklaven ihrer Stimmungen. Erregungszustände, die durch äußere Reize hervorgerufen werden, nennt der Tierpsychologe Affekte. Je höher Tiere entwickelt sind, um so höher ist die Zahl ihrer Affektäußerungen. Affekte und somit auch deren Äußerungen sind gefühlsbetont. Was sind überhaupt Gefühle? Die vollkommene Erklärung hierzu liegt jenseits unserer Erkenntnisgrenze. Wir sind nicht in der Lage, diese Frage befriedigend beantworten zu können. Wir können diese elementaren Erscheinungen des Lebens, diese nicht in berechenbare Formeln zu fassenden Phänomene, weder ordentlich klassifizieren noch lückenlos aufzählen.

Gefühle sind Hüter des Lebens. Sie entspringen dem undefinierbaren Etwas, das die griechischen Philosophen im Altertum «Psyche» nannten, mit kleinen Flügelchen bildlich darstellten und für das es in der deutschen Sprache die Bezeichnung «Seele» gibt. Die Fähigkeit höher organisierter Tiere, Gefühle zu bilden, ist ihnen angeboren, so etwa wie die Formen und Funktionen der Organe angeboren sind. Sie sind notwendig, um den Lebewesen das Leben zu erhalten und bei der Aufrechterhaltung der normalen Lebensfunktionen zu helfen.

Wie bereits einleitend erwähnt, sind zwei verschiedene Stimmungslagen, die sich schon bei niederen Lebewesen bemerkbar machen, auseinander zu halten, nämlich Behagen und Unbehagen. Die Reize der innerlich entstehenden, lustbetonten Stimmungen lassen sich nicht weiter differenzieren; sie sind indifferent. Jedoch bei den unlustbetonten Verhaltensweisen der Einhufer, deren Auslösung von der Außenwelt erfolgt, können wir, abgesehen von unwesentlichen Fehlschlüssen, Angst-, Kampf- und Schmerzbetonung auseinander halten.

Freilich kann uns das Pferd nichts in Worten oder gar schriftlich aussagen, und es sei hier unumwunden zugegeben, daß wir uns des von vielen Forschern angezweifelten Mittels der subjektiven Interpretation bedienen. Ohne diese Hilfe ist es gar nicht möglich, Problemhandlungen der Pferde zu diagnostizieren und zu heilen, bzw. Abhilfe zu schaffen, oder, mit anderen Worten ausgedrückt, zu einem praktisch brauchbaren Resultat zu gelangen. Wenn das Tier auch nicht in menschlichen Begriffen denkt, wenn es uns auch nichts über seinen Seelenzustand verraten kann, so spricht es dennoch eine oft allzu deutliche Sprache, eine Sprache, in der sich Pferde untereinander verständigen, die wir in der Mensch/Pferd-Beziehung ebenfalls sprechen und mit der wir vom Pferde ja auch verstanden werden. «Es ist Rede in jeder Gebärde», sagt Shakespeare in seinem «Wintermärchen». Selbst der Mensch kann seine Worte noch so sorgfältig äußern, seine Bewegungen, sein Mienenspiel, seine Haltung, sein ganzes Benehmen lassen seine wahren Empfindungen und Gedanken erkennen. Kampf-, Angst- und Schmerzgefühle sind Zustände, die bis in untere Wirbeltierklassen anzutreffen sind. Durch Mit- und Nachfühlen können wir Gefühlseigenschaften differenzieren, da sich ja die Seele des Tieres von der unsrigen nicht nach der Qualität, sondern nur nach Graden unterscheidet. Beobachtungen des Ausdrucks, der Mimik und der Gestik und auch solche von physiologischen Vorgängen wie Puls, Atmung, Kotabgabe u. a. sind uns dabei behilflich. Die Unfähigkeit, sich in die Situation, in die Gefühlslage anderer zu versetzen, ist der Grund vielen Leids unter dem Menschengeschlecht und sicherlich auch vieler Mißverständnisse in der Mensch/Pferd-Beziehung.

Nachahmungstendenz

Verhaltensweisen der Herdentiere wirken vielfach im Herdenverbande «ansteckend». Gerade die Angststimmung eines Einzeltieres wird oft blitzartig auf die übrigen Individuen übertragen. Ganze Herden stürzen dann panikartig in kopfloser Flucht davon. Die nacheiszeitlichen Jäger von Solutré im Hochburgund, unweit der Schweizer Grenze, nützten diese Eigenart der Wildpferde aus. Sie verursachten Panik unter den Herden, die dann auf die sanft ansteigende Ebene flüchteten, über den jähen Abgrund zu Tode stürzten und so Beute der Menschen wurden. Fachleute schätzten die Zahl der dort so ums Leben gekommenen Wildpferde auf über hunderttausend.

Herdentiere sind in eine Gemeinschaft eingebaut und deren Gesetzen unterstellt. Ein Einzelherdentier ist psychisch für sich allein gar nicht vollwertig. Es kann vorkommen, daß sich im Herdenverband ein Schreckerlebnis eines einzelnen Tieres urplötzlich auf die übrigen Herdenmitglieder überträgt, so daß diese dadurch zur blinden Flucht veranlaßt werden. Panikstimmungen nennt man solche Situationen, die auch im Menschenleben, wie etwa bei Schiffbrüchen, Hochwasserkatastrophen, Erdbeben, Bränden von Theatern und großen Warenhäusern usw. auszubrechen pflegen. «So ist es vorgekommen», schreibt Dr. Stefan von Màday (12), «daß auf den Knall eines Gewehres hin sämtliche Pferde mehrerer Kavallerieregimenter in wilder Flucht das Lager verließen.»

Die stark ausgeprägte Nachahmungstendenz des Einhufers hängt mit seinem geselligen Wesen zusammen. Gehen mehrere Pferde hintereinander, etwa in der Saumkolonne oder auf der Reitbahn, so ist es gewiß, daß das Halten der vorderen auch die anderen gleichzeitig zum Stehen bringt und das Weitergehen der vorderen auch die Vorwärtsbewegung der hinteren Tiere zur Folge hat. In einem größeren Stall können wir beobachten, wie das Harnen regelmäßig nachgeahmt wird. Auch das Gähnen wirkt ansteckend.

Daß die Nachahmungstendenz des Pferdes noch stärker sein kann als die Gewohnheit, beweist ebenfalls Dr. Stefan von Màday (12) mit folgendem Fall: «Die Reiter einer Remontenabteilung sprangen täglich zu Ende des Reitunterrichts; als erster sprang immer ein Offizier, die anderen folgten einzeln hintereinander. Eines Tages fehlte der Offizier, und die erste Remonte sprang nur gezwungen, mit Unlust;

ebenso sprangen sämtliche 20 bis 25 Remonten, dem Beispiel der vordersten folgend, trotzdem früher nie eine einzige unter ihnen Unlust beim Springen gezeigt hatte.»

Das Auftreten gleicher oder ähnlicher Verhaltensweisen bei Jungtier und Eltern muß nicht immer für eine Vererbung sprechen. Wenn das Muttertier in der Gegenwart des Fohlens Furcht zeigt, so wird das Jungtier leicht die Haltung seiner Mutter entwickeln. Es handelt sich hier keinesfalls um Vererbung, sondern um eine Art psychischer Übertragung.

Praktiker behaupten immer wieder, die Pferde lernten gewisse Stallunarten, z. B. das Koppen, Weben, Krippenwetzen, Stallwandschlagen u. a. oft durch Nachahmung von den Nachbarpferden. In der Tat trifft man oft Weberpferde oder Kopper nebeneinander. Malkmus (22) und andere Autoren lehnen das Nachahmen des Koppens entschieden ab. Frau Prof. Dr. Monika Meyer-Holzapfel (23), die das Weben der Pferde untersucht hat und dieses Verhalten als Erregungsausdruck gedeutet hat, ist folgender Ansicht: «Nachahmung im Sinne eines kopierenden Ablernens ist bisher nur für Affen sicher nachgewiesen und daher in diesem Falle kaum anzunehmen. Dagegen wäre eine gewisse Erregungsübertragung denkbar. Sie scheint mir jedoch wenig wahrscheinlich, da die nebeneinanderstehenden Tiere namentlich beim Koten und teilweise bei der Fütterung oder in anderen Situationen einzeln webten.»

Dies trifft gewiß beim Weben, das ja durch Außenreize verursacht wird, zu. Beispielsweise aber für das Stallwandschlagen oder für das Benagen der Holzlatten können wir oft eine Nachahmungstendenz oder (besser gesagt) eine Stimmungsübertragung verantwortlich machen. Man fand, daß Fische, Hühner, Affen, Schweine und verschiedene andere Tiere in Gesellschaft 25 Prozent mehr Nahrung aufnehmen als allein. So gut wie das rohe Pferd am Wagen das für uns nützliche Verhalten, nämlich das Ziehen, von seinem dressierten Gespanen lernt, wird es von Artgenossen auch Handlungen, die durch die menschliche Brille gesehen unerwünscht sind, übernehmen.

Eine interessante Nachahmung unter Tieren, die zwar nicht das Pferd, aber doch auch Haustiere, nämlich Hund und Schaf betrifft, beschreibt Prof. Bastian Schmid (24): «Recht eigenartig sodann waren die Verhaltensweisen eines jungen Schäferhundes und eines Widders, Eigentum eines Bekannten von mir. Sie waren gute Freunde und nahmen gegenseitig arteigene Gewohnheiten an. Als ich mich eines Tages zusammen mit meinem Hunde dem Garten des Hauses näherte, sah ich, wie die Tiere nach Hundeart den Zaun entlang erregt auf und ab rannten und mein Schnauzer auf der Außenseite dasselbe machte. Bei meinem Eintritt in den Garten, woselbst der Besitzer mich begrüßte und den Tieren Ruhe gebot, beschnupperten Hund und Schaf meinen Hund. Es war das nunmehr die zweite hundliche Gewohnheit des Widders, die er sich von seinem Freunde angeeignet hatte. Und nun konnte ich bald sehen, wie die beiden zu grasen anfingen; das Schaf weidete nach altbekannter Art, der Hund fraß zunächst einiges, rupfte aber immerzu, solange der andere fraß, Bündel um Bündel aus dem Boden, ließ jedoch alles liegen. Dieser Nachahmungstrieb war eine Art von Sympathiekundgebung.»

Mit diesem Beispiel zeigt der bekannte Tierforscher, wie weit der Nachahmungstrieb in der Tierwelt gehen kann.

Tendenz zur Gewohnheitsbildung

Je höher ein Lebewesen organisiert ist, um so mehr neigt es zu Gewohnheitsbildungen. Wir Menschen sind in vielen Belangen Sklaven der Gewohnheiten. Das Pferd neigt vorwiegend zu mechanischem, gewohnheitsmäßigem Handeln.

Die Bevorzugung einer bekannten Situation tritt am auffälligsten im Freileben der Huftiere, in den sogenannten Wechseln zu Tage, die seit Generationen begangen und nur in Ausnahmefällen (Feindeinwirkung, Naturkatastrophe) verlassen werden. Solche ausgetretene Pfade kann man in Zoologischen Gärten, noch auffälliger in Freigehegen feststellen, beispielsweise in Südfrankreich, in England, in der Wildbahn des Herzogs von Croy im Merfelderbruch bei Dülmen in Westfalen, wo Pferde unter natürlichen Bedingungen ihr Leben leben können. Sie führen zu Ruhestellen, zum Wälzplatz, zur Tränke, zu Scheuerbäumen, zu schattenspendenden Orten und anderen Gegebenheiten, die im Rhythmus des Tagesablaufes aufgesucht werden. Die Tendenz zur Gewohnheitsbildung hat das Hauspferd von seinen wildlebenden Vorfahren, deren Leben sich durch eine gewisse Eintönigkeit auszeichnet, mitübernommen. Sie kann in der Mensch/Pferd-Beziehung, wie das Gedächtnisleistungsvermögen, dem Menschen und dem Pferde zum Nutzen, aber auch zum Schaden gereichen. So leicht sich verhältnismäßig das junge Pferd neben einem erfahrenen Gespanen zum Arbeitstier gewöhnen läßt, so sehr widerstrebt es bei der Abtrennung vom Gewohnten. Im Zusammenhang mit den Unarten der Hauspferde macht sich die Tendenz zur Wiederholung von Handlungen besonders beim zur Untätigkeit verurteilten Pferde bemerkbar. Aus lauter Langeweile ausgeführte Bewegungsformen können sich so leicht automatisieren und bald in einem exzessiven Übermaß ausgeübt werden.

Das Pferd als Gewohnheitstier und Herdentier mag es oft in der Mensch/Pferd-Beziehung als einen unerhörten Einbruch in den Seelenbereich empfinden, wenn ihm etwa sein Betreuer oder sein Arbeitskamerad genommen wird, oder wenn es von seinem gewohnten Stall oder Weideplatz isoliert wird. Die Tendenz zur Zusammengehörigkeit, der sogenannte Herdentrieb, ist dem wildlebenden Einhufer besonders für die Feindvermeidung und Feindabwehr nützlich, und beim Hauspferd macht er sich öfters verheerend bemerkbar. Der Fachmann nennt dieses Verhalten bezeichnend «Kleben». Am verhängnisvollsten macht sich das Kleben bei Stallbränden bemerkbar. Da kann es vorkommen, daß Pferde, die mit größter Mühe aus dem brennenden Stalle gebracht wurden, getrieben vom Heimkehrtrieb rasend wieder hineinrennen, weil sie sich dort am geborgensten fühlen. Diesen Drang zur heimatlichen Krippe sollen übrigens Schmuggler im syrisch-libanesischen Grenzraum ausnützen, um Güter, auf denen hohe Zölle stehen, anonym über die Grenze zu bringen.

In der Pferdeliteratur sind viele Begebenheiten niedergeschrieben, denen im Blick auf die Gewohnheiten der Hauspferde oft größere Bedeutung zuzumessen ist als den urtümlichen Trieben der Tiere. «Ein gewitzter Postillon», erzählt Prof. Dr. Otto Fehringer (25), «soll einmal bei solch einer Gelegenheit das noch stärkere Tongedächtnis der Pferde gegen die Stalltreue ausgespielt haben. Als bei einem Stallbrande alles kopflos umherrannte, ließ er das Signal ertönen, bei dem sich seine Postpferde beim Wagen zu sammeln pflegten. Prompt trabten alle herbei und waren gerettet.»

Alle edlen Renner der arabischen Pferdezucht stammen nach einer Volkssage von fünf Stuten ab, die eine beim Religionsstifter Mohammed vorgenommene psychologische Prüfung bestanden hatten. A. W. Grube (26) schildert dieses Ereignis, das zeigt, wie domestikationsbedingte Gewohnheiten das Pferd oft mehr anzusprechen vermögen als die Stillung des Durstes, wie folgt: «Die jetzigen Araber haben drei Pferderassen, die Atterbi, Kadeschi und Kohlani. Die beiden ersten sind gewöhnliche Dienstpferde, die Kohlani aber sind reinen Blutes und stammen nach der Sage von den

Lieblingsstuten des Propheten ab. Muhamed, so erzählt man, lieferte eine Schlacht, die drei Tage dauerte; während dieser ganzen Zeit setzten seine Krieger den Fuß nicht auf den Boden, und die Stuten, die sie ritten, hatten weder Speise noch Trank. Endlich am dritten Tage kam man an einen Fluß, und der Prophet befahl, daß die Pferde abgezäumt und in Freiheit gelassen werden sollten. Vom glühenden Durste verzehrt, stürzten alle diese Pferde, zehntausend an der Zahl, nach dem Fluß, als im Augenblick, wo sie das Ufer erreichten, die Trompete des Propheten sie zurückrief. Zehntausend Pferde hörten das Signal, aber nur fünf folgten dem Rufe, verließen den Fluß, ohne nur ihre Lippen genetzt zu haben, und kehrten zu ihrer Fahne zurück. Der Prophet segnete die Stuten und färbte ihre Augenlider wie die der Frauen des Orients mit Kohol, daher der Name ‹Kohlani›, was geschwärzt bedeutet. Von diesem Augenblicke an wurden sie von dem Propheten selbst und von seinen Gefährten Ali, Omar, Abu-Bekr und Hassan geritten und von den geweihten Stuten stammen alle edlen Renner Arabiens ab.»

Beim Massenausbruch von Militärpferden, der sich im Jahre 1879 in St. Petersburg ereignete und an dem rund 900 Pferde teilnahmen, vermochte der Appell, den der Kommandant einer heimkehrenden Kavallerieeinheit zu blasen befahl, rund die Hälfte der panikbefallenen Pferde zur Umkehr zu bewegen.

Dr. Stefan von Màday (12) erwähnt eine von G. Allendörfer veröffentlichte aufschlußreiche Begebenheit, wie ein Pferd an eine Ziege gewöhnt war: «Forstwart M. hatte nach dem Manöver ein ausrangiertes Artilleriepferd erworben, um mit ihm im Winter seine Kinder zur Schule fahren zu können. Untergebracht sollte ‹Max› im kleinen Stalle werden. Doch da hatte M. die Rechnung ohne den Wirt, wollte sagen, ohne ‹Max› gemacht. Sobald nämlich M. den Stall verlassen hatte und ‹Max› sich allein sah, gebärdete er sich wie ein Wahnsinniger. Alle Pflastersteine aufhacken, die Heuraufe herunterreißen, Halfter und Kette sprengen, den Futterkasten umwerfen, über die niedrige Stalltüre setzen, selbige mit den Hinterbeinen aus den Angeln heben, war für ‹Max› das Werk von zehn Minuten. Alle Mühe, die sich Forstwart M. gab, um das Pferd ans Alleinsein zu gewöhnen, war vergeblich. Schließlich brachte er das ‹Biest› für den Augenblick im Dorf bei einem Bauern im Pferdestall unter. Auf dem Rückwege wurde M. geraten, dem an Geselligkeit gewöhnten ‹Artilleristen› doch ein Rind zur Gesellschaft zu geben. Forstwart M. dankte für den guten Rat und – holte sofort seinen ‹Max› wieder. Zuhause erwies sich der zweite Stand als für ein Rind unzureichend; so wurde es denn mit der grauen Schweizerziege versucht. Und siehe da – ‹Max› war befriedigt. Forstwart M. konnte an der geschlossenen Türe zuerst das freudige Wiehern ‹Maxens› und dann als Antwort das freudige Meckern der Ziege vernehmen. Als diese Ziege zwei Jahre später wegen Nachwuchs verkauft werden sollte, stellte Forstwart M. als vorsichtiger Mann zuvor die junge (weißgescheckte) Ziege neben ‹Max›. Dieser war mit dem Tausch jedoch keineswegs einverstanden, vielmehr schien er sein Lustspiel, gleich dem bei seinem Einzuge stattgefundenen, abermals aufführen zu wollen. Da holte M. schleunigst die graue Heppe wieder zu ‹Maxens› größter Zufriedenheit zurück.»

Rasse, Temperament und Charakter

In der Pferdekunde sind seit altersher die verwirrenden Begriffe Kalt-, Halb-, Warm- und Vollblut gebräuchlich. Rennpferde, also Tiere, die in kurzer Zeit eine maximale Leistung vollbringen müssen, besitzen ein größeres und kräftigeres Adernetz und Herz als etwa Ackerpferde. Während und nach dem Rennen treten bei diesen leichtfüßigen und hochgezüchteten Wesen die Blutgefäße der Haut sehr stark hervor, so prall sind sie mit Blut gefüllt: daher der Name Vollblut, mit dem aber nur jene Tiere angesprochen werden, die im englischen General-Stutbuch eingetragen sind. Kaltblutpferde sind kräftigere, schwerere, vorwiegend für den schweren Zug geeignete Tiere, und das Halbblutpferd ist durch Kreuzung von Voll- und Kaltblut entstanden. Zum Warmblut zählen das Voll- und das Halbblut.

Blut hat also mit Temperament, mit der Eigentümlichkeit des Gefühlslebens weniger zu tun; vielmehr spielt die Beschaffenheit des Nervensystems die entscheidende Rolle. Das Temperament, d.h. das Tempo der seelischen Regungen, erbt das Tier von seinen Vorfahren; es ist bedingt durch Art-, Rasse- und Geschlechtszugehörigkeit und natürlich auch durch Alter und Kondition des Tieres (Trächtigkeit, Krankheit, Mutterschaft usw.). Die Ausdrücke Kalt-, Warm-, Halb- und Vollblut stellen also Bezeichnungen dar für die verschiedenen Qualitäten des Temperaments. Kalt- wie Warmblutpferde sind Abkömmlinge verschiedener Wildpferdetypen; sie unterscheiden sich in körperlicher wie auch in seelischer Hinsicht.

Treffend schildert Prof. Bastian Schmid (24) das unterschiedliche Verhalten der drei verschiedenen Temperamentstypen gegenüber lästigem Ungeziefer: «So beobachtete ich gar häufig an heißen Sommertagen die Verhaltensweisen unserer drei Rassen. Noriker (Pinzgauer) bildeten einen Kreis in der Art, daß die Schweife nach außen und die Köpfe nach innen gerichtet waren. Auf diese Weise erfolgte die Abwehr gemeinsam und wurde durch fortgesetztes Wedeln hervorgerufen. – Es ist das zugleich ein Beweis für eine starke Herdenverbundenheit. – Sämtliche Bewegungen erfolgten in einem gemäßigten Tempo und ließen keinesfalls auf Erregtheit schließen. Ganz anders reagierten die warmblütigen

Pferde. Hier gab es keinen Zusammenschluß. Jedes einzelne besorgte die Abwehr durch Schlagen und heftiges Wedeln für sich. Den Höhepunkt an Temperament zeigte das englische Vollblut, das innerhalb seiner Einfriedung zu rasen begann, um mit einem Satze, als gelte es eine Hürde zu nehmen, über den Zaun zu springen. Die Fohlen setzten nach. Meinen zahlreichen Beobachtungen und Versuchen zufolge sind die Verhaltensweisen bei den Jungtieren unserer Rassen verschieden und erbmäßig bedingt, demnach nicht lediglich auf Nachahmung zurückzuführen.»

Bis zu einem gewissen Grade ist es richtig, wenn man Warmblut mit nervös, lebhaft, feurig und Kaltblut mit ruhig, gelassen und gutmütig gleichstellt. Angehörige von Warmblutrassen sind schneller in ihren Reaktionen; sie neigen somit auch häufiger zum Scheuen. Ferner ist das Bewegungsbedürfnis bei ihnen größer als bei schwereren Schlägen. Durch Aktivitätsmangel verursachte Unarten sind daher häufiger bei temperamentvollen Tieren anzutreffen. In psychologischer Hinsicht sind Rassenunterschiede der Hauspferde vorwiegend den Temperamentsunterschieden gleichzusetzen. Psychologisch betrachtet, kann man eine Steigerung des Temperaments und des Lernvermögens der Tiere von unten nach oben, von Kaltblut zum Vollblut feststellen.

Pferd und Pferd ist nicht dasselbe; selbst innerhalb einer Rasse, eines Schlages oder einer Familie sind Tiere in Charakter und anderen seelischen Eigenheiten individuell verschieden. So gibt es Pferde, die sich nur von bestimmten Personen besteigen und reiten, oder beispielsweise solche, die sich nur in Anwesenheit von bestimmten Betreuern ohne Zwangsmaßnahmen beschlagen lassen. Besonders auf der Weide zeigt sich diese Individualität. Da sind Abneigungen, Feindschaften, aber auch enge Freundschaften zu beobachten. Prof. Bastian Schmid (24) meint, daß in dieser Richtung die Lipizzaner am weitesten gehen. Diese lehnen auf der

Weide alle übrigen Rassen ab. Auch Dr. Klaus Zeeb (11) machte die Feststellung, daß Araber und araberblütige Pferde sich auf der Weide in Gruppen zusammenschlossen und getrennt von den andern weideten.

In Anlehnung an menschliche Eigenarten werden nun auch den Pferden intelligente, ängstliche, falsche, bösartige und andere Charaktere zugeschrieben. Uns interessiert vor allem die «Bösartigkeit». Diese wenig lobenswerte Eigenart der Hauspferde macht sich in Beißen, Schlagen, an die Wand drängen, Steigen usw. bemerkbar. Es sind dies Relikte, die aus dem Wildpferdeleben herstammen, wo sie lebensnotwendige Verhaltensweisen darstellten. Dürfen wir Tiere mit solchen Eigenschaften «heimtückisch» oder «bösartig» nennen? Auf jeden Fall kann man Pferde für ihre «Bösartigkeit» nicht verantwortlich machen.

Im weiteren Sinne bedeutet Charakter soviel wie das Sondergepräge eines Wesens und im engsten, menschlichen Bereich den Inbegriff der Gefühls- und Willensveranlagung. Er ist nicht etwas ein für alle Male fest Gegebenes, er hat sich entwickelt und entwickelt sich ständig weiter. Der Charakter wird durch die drei Faktoren Vererbung, Umwelteinflüsse und Erziehung gebildet. Beim Pferde sprechen wir von erwünschtem oder unerwünschtem Charakter. Erwünscht ist dieser, wenn sein Träger sich gegenüber seiner Umwelt (Menschen, Artgenossen, anderen Tieren und Einrichtungen) annehmbar verhält und somit ordnungsmäßig gebrauchsfähig ist. Unangenehme Pferdecharaktere zeichnen sich durch allgemeine, furcht- und kampfbetonte Abwehr-, ja sogar durch Aggressivverhalten gegen die Umwelt, insbesondere gegen den Gebrauch der Tiere, aus.

Ein Verhalten ergibt sich aus der inneren Verfassung des Tieres und den Umweltbedingungen, und nur die erstere kann angeborene Elemente enthalten. Das Problem der seelischen Vererbung ist bedeutend komplizierter als die Vererbung körperlicher Merkmale, bei denen man die einzelnen Momente, wie Haar- und Augenfarben, Abzeichen usw. gesondert verfolgen kann.

Es mag Rassen und Schläge geben, bei denen die alt hergebrachte, ganz natürliche Angriffstendenz vermehrt zum Ausdruck kommt, aus dem einfachen Grunde, weil solche einst lebensnotwendige Eigenheiten sich nicht so leicht wegzüchten lassen und auch sprunghaft wieder auftreten können. Es gibt auch kaum ein Haustier, wie gerade das Pferd, das so schnell wieder verwildert, wenn man es in die Freiheit versetzt. Dies beweisen die Wildgestüte und vor allem die amerikanischen Mustangs. Es sind auch viele Fälle bekannt, wo innerhalb einer Pferdefamilie mit durchaus zuverlässigen Charakteren plötzlich wieder ein überaus aggressives, widersetzliches Einzeltier auftreten kann. Daher ist man bei der Zulassung von Hengsten zu Leistungsprüfungen vorsichtig. Widerspenstige Hengste werden an solchen Prüfungen abgewiesen und als Zuchttiere nicht anerkannt. Allerdings ist hierbei zu betonen, daß ja nicht allein die Vererbung maßgebend ist, sondern daß die Erfahrung, die Umweltbedingungen, eine ebenso gewichtige Rolle spielen. Pferde mit erbbedingten, argen Verweigerungstendenzen sind heute verhältnismäßig selten anzutreffen; man hat sie nach dem Züchtergrundsatz: «Fehler und Mängel können nicht durch entgegengesetzte Mängel, sondern nur durch bessere Eigenschaften beseitigt werden», aus dem Hausstande ausgemerzt. Prof. Dr. Bernhard Grzimek (27) mußte für seinen Wiedererkennungsversuch mit Pferden lange Zeit nach einem wirklich angriffigen Pferde suchen. In neuester Zeit werden zwar von den Pferde-Versicherungsgesellschaften vereinzelte Fälle von «bösartigen» Tieren gemeldet, deren Verhalten auf unzweckmäßigen Umgang zurückzuführen, also erfahrungsbedingt ist und als Auswirkungen der Landflucht angesehen werden muß. Mit der steten Reduktion der Pferdebestände der Armee, die in früheren Jahren die in unserem Lande notwendigen Pferdepfleger ausbildete und dem Wirtschaftsleben zuführte, wird von Jahr zu Jahr die Beschaffung von zuverlässigen Pferdewärtern und Fahrern immer schwieriger, und die Schäden, die durch unfähige Wartung und fehlerhaften Gebrauch entstehen, nehmen ständig zu. Es ist daher zu begrüßen, daß Versicherungsgesellschaften, landwirtschaftliche Genossenschaften und auch das Hengstendepot in Avenches Pferdewartungs- und Fahrerkurse durchführen.

Es kann vorkommen, daß Fohlen, die neben der mit gewissen Stallunarten behafteten Mutterstute aufwachsen, ebenfalls durch Nachahmung unerwünschte Gewohnheiten annehmen. Viele Praktiker sind daher der Meinung, daß das Weben, das Koppen, das Stallwandschlagen, das Kettenrasseln und andere Unarten erbbedingt sind, was durchaus nicht der Fall ist. Die Vererbung spielt nur eine Rolle im Zusammenhang mit den angst- und kampfbetonten Unarten, denn für den Züchter und Praktiker gilt der Grundsatz: «Eine Vererbung von erworbenen Eigenschaften gibt es nicht.» In Betracht zu ziehen ist das Temperament, also die Beschaffenheit des Nervensystems, das ja von den Vorfahren auf die Nachkommen vererbt wird. Lebhafte Pferde sind eher zu unlustbetonten Unarten, zu aktivem Scheugebaren oder zu Bewegungsautomatismen prädisponiert als schwerere Typen. So sind ganze Schläge bekannt, deren Angehörige z.B. beim Beschlagen Schwierigkeiten verursachen.

Wildpferdehengste haben andere Aufgaben zu erfüllen als ihre Geschlechtspartner. Vor allem haben sie sich mehr mit kämpferischen Angelegenheiten auseinanderzusetzen, wozu es neben einem kräftigeren Körper auch die Fähigkeit braucht, dementsprechend zu reagieren. Hengste sind temperamentvoller, angriffiger als Stuten. In der Mensch/Pferd-Beziehung machen sich viele Schwierigkeiten bemerkbar, die geschlechtlich betont sind. In der Spanischen Hofreitschule zu Wien hält man aus diesem Grunde nur Hengste. Eine einzige rossige Stute kann den ganzen Hengstenbestand eines Zirkusunternehmens durcheinander bringen, und unhaltbare Zustände ergeben sich bei längerer Anwesenheit einer wildrossigen Stute in der Umgebung von Hengsten. In Unternehmungen, wo sehr viele Pferde benötigt werden und wo es weniger auf den Schauwert ankommt, so z. B. in den meisten Armeen, duldet man keine Hengste.

Interessant ist, wie Hermann Ebhardt (28) auf Grund des entsprechenden Verhaltens bei hoch tragenden Stuten, die er unter natürlichen Bedingungen im Herdenverband hielt, das Geschlecht der zu erwartenden Fohlen bestimmen konnte. Dazu nahm der genannte Pferdefachmann im Frühling, als alle Stuten noch trächtig waren, den Leithengst und eine dreijährige Stute aus der Herde und ließ diese außerhalb des Geheges erstmals decken. Danach führte er die frisch gedeckte Jungstute wieder zur Herde zurück. Ein Teil der trächtigen Altstuten verhielt sich ruhig, andere aber trieben die Jungstute und benahmen sich dabei typisch hengstenmäßig. Der Hormonhaushalt der Tiere trat somit sichtbar in Aktion. Die sich männlich verhaltenden Altstuten trugen Hengstfohlen. Während drei Jahren überwachten Studenten der Tierärztlichen Hochschule Hannover die Voraussagen von Hermann Ebhardt, und sie mußten diese ausnahmslos bestätigen.

Am vorteilhaftesten für den gewöhnlichen Gebrauch sind frühzeitig und kunstgerecht kastrierte Hengste, also Wallache, die annähernd über die Körperkräfte der Hengste verfügen, jedoch auch den lenksameren, im allgemeinen ruhigen Charakter der Stuten besitzen. Es werden Früh-, Spät- und Fehlkastraten unterschieden. Der Idealfall und das Normale ist der Frühkastrat. Spätkastraten behalten trotz Entmannung häufig den Hengstencharakter bei, und Fehlkastraten, die in der Fachsprache Spitzhengste genannt werden, sind Hengste, die nicht in Ordnung operiert wurden oder infolge anatomischer Anomalien nicht fachgerecht entmannt werden konnten und später recht ungemütlich werden können.

Artenunterschiede

Neben dem Hauspferd und dem Hausesel erfreuen sich heute noch folgende Einhuferarten ihrer Existenz:

1. Das mongolische Wildpferd oder Przewalskipferd, als einziger bis in die Jetztzeit erhalten gebliebener Vorfahre der Hauspferde;
2. der nubische Wildesel, der nur noch in wenigen Exemplaren in zoologischen Gärten gehalten wird und als Urahn der Hausesel angesehen wird;
3. der Somali-Wildesel, der noch in einigen Trupps wild lebt;
4. der persische Halbesel Onager;
5. der mongolische Halbesel Kulan;
6. der tibetanische Halbesel Kiang;
7. der indische Halbesel Ghorkhar;
8. das Grévy-Zebra aus dem östlichen Afrika;
9. die Steppenzebras, wozu die Grant-, Chapmann-, Damara- und weitere Zebrarassen zählen, und

10. die zwei Bergzebra-Arten, nämlich das Hartmann-Zebra und das nur noch in spärlichen Restbeständen vorhandene Kapland-Bergzebra.

Uns interessieren in erster Linie das Hauspferd und der Hausesel, ihre wilden Vorfahren und das domestikationsbedingte Kreuzungsprodukt, das Maultier oder der Maulesel.

Der Esel wurde etwa 1 ½ bis 2 Jahrtausende früher in den Hausstand geführt als das Pferd. Die besonderen Eigenschaften dieser Tiere sind: große Widerstandskraft gegenüber Witterung und Klima, maximale Futterverwertung und hohe Lebensdauer. Als Abkömmling des Wildesels, also eines Gebirgstieres, ist sein Gang bedeutend engspuriger, der Auftritt sanfter als der des echten Pferdes, und deshalb zeichnet sich der Esel durch seine vortreffliche Verwendbarkeit im Gebirge aus. Die von ihm verlangte Arbeit als Last-, Reit- oder Zugtier wird mit größter Ruhe und Ausdauer verrichtet. Aktives Scheuen kommt beim Eselgeschlecht selten vor. Das Sprichwort von der «Eselsgeduld» ist voll berechtigt. Doch sind aber auch störrische und eigenbrötlerische Eselcharaktere zur Genüge bekannt; sie sind meistens auf unzweckmäßige Aufzucht und Behandlung zurückzuführen.

Maultiere nennt man das Ergebnis einer Kreuzung zwischen Eselhengst und Pferdestute, und die weit selteneren Maulesel sind das Produkt der Kreuzung Eselstute/Pferdehengst. In der Wildnis kommt es nicht vor, daß sich eine Einhuferart mit einer fremden Art kreuzt. Verschiedenartige Einhufer gehen einander aus dem Wege, ja sie bekämpfen sich gegenseitig. In Maultierzuchtgebieten ist es üblich, den Pferdestuten die Mähnen zu schneiden, damit sie für den Eselhengst eselähnlicher aussehen; aber nicht nur Farben und Formen der Tiergestalt, sondern auch zum wesentlichen Teil die grundverschiedenen Verhaltensweisen machen es dem wildlebenden Einzeltier möglich, Artgenossen von

Feinden zu unterscheiden. Hierzu eine kleine Gegenüberstellung:

Wildpferd	*Wildesel*
Typische Herdenbildung unter der Führung und Bewachung des gewandtesten Hengstes;	Kleinere Herdenbildung unter Führung einer erfahrenen Stute; erwachsener Hengst findet sich nur während der Paarungszeit bei den Stuten ein;
typische Angriffsgebaren des Leithengstes, Kopf tief gehalten;	Hengst trägt den Kopf beim Angriff hochgehalten;
bei der Paarung kein bedeutendes «Hetzen» der Stute durch den Hengst.	sehr heftiges «Treiben» vor der eigentlichen Paarung.

Aus diesen verschiedenen Handlungsweisen ist der Grund zu entnehmen, warum viel weniger Maulesel gezüchtet werden. Die Eselstute will regelrecht vergewaltigt werden, was dem Pferdehengst von Natur aus gar nicht liegt. Maulesel sehen den Maultieren gleich. Die Mauleselzucht wird nur dort betrieben, wo Pferde Mangeltiere sind, und zwar unter Anwendung von Spezialkunstgriffen. Rossige Eselstuten läßt man von Eselhengsten herumtreiben, erobern, führt sie danach in den Deckstand und läßt sie dort von Pferdehengsten bespringen.

Im Jahre 1939 führte man in der Strafanstalt Witzwil die Maultierzucht ein. Die ersten vier Pferdestuten wurden mit Musikbegleitung und viel Drum und Dran von einem Eselhengst gedeckt. In der Folge aber vereinfachte sich das Deckgeschäft, als der Leiter des Fohlenhofes den Hengst mit den Pferdestuten und ihren Maultierfohlen gemeinsam zur Weide ließ, so daß die Tiere sich aneinander gewöhnen konnten.

«Das Maultier wird nur krank, um zu sterben», heißt es im Volksmund. Es erbt seine Langlebigkeit, seine Ausdauer und Genügsamkeit, seinen sicheren Gang und seine Verwendbarkeit im Gebirge und in den Tropen vom Eselhengst und seinen willigeren Charakter, stärkeren Körperbau, seine gewandteren Bewegungen und seine Brauchbarkeit jenseits der Alpen von seiner Pferdemutter. In bezug auf die Psyche des Maultieres schreibt Prof. A. Schmied (29): «Das Maultier zeichnet sich im Vergleich zum Pferd durch ein größeres Bedürfnis nach Selbständigkeit und durch eine weniger ausgesprochene Anpassungs- und Dressurfähigkeit aus. Das junge Maultier ist eigenwilliger, ängstlicher, mißtrauischer, nachträglicher und kitzliger als das Pferd und daher gegen pedantische, straffe Dressurmethoden, Neckereien, Nörgeleien, Provokationen und rohe, sowie ungerechte Behandlung ausgesprochen empfindlich. Einmalige Erziehungsfehler können seinen Charakter für immer verderben. Unrichtige Behandlungsarten werden übrigens sofort durch entsprechende Abwehrbewegungen des Tieres zu rächen gesucht. Im Gegensatz hierzu äußert sich die Erbanlage des Pferdes in der Regel in einem kategorischen Bedürfnis nach Gehorsam und Arbeitsdisziplin. Diese Tugenden müssen beim jungen Maultier als notwendige Voraussetzungen der späteren Nutzbarkeit durch eine Unmenge kleiner Zärtlichkeiten, Rücksichten und Zuneigungsbeweise sowie Geduldsproben allmählich erkauft werden. Es gehorcht aus Dankbarkeit für empfangene Wohltaten.»

Maultiere werden in unserer Heimat in Gebirgsgegenden als Tragtiere und im feldmäßigen Gemüsebau als Zugtiere für die Landmaschinen verwendet. Nicht jedermann kann man ein Maultier überlassen, da der Umgang mit ihm bedeutend mehr Fingerspitzengefühl, mehr Einfühlungsvermögen benötigt als der Umgang mit einem Pferd. Der Bastard Maultier ist eben ein Kreuzungsprodukt, nicht nur in körperlicher

Hinsicht, sondern es macht sich bei ihm auch die arteigentümliche Seelenverschiedenheit zweier Arten, die des Esels und die des Pferdes, bemerkbar.

Maultiere sind von Natur aus fügsame Tiere, können aber durch falsche Behandlung leicht verdorben und zu regelrechten Ausbünden widersetzlicher Tiere werden. Die größten Schwierigkeiten bieten sich bei diesen interessanten Tieren wohl beim Beschlagen. Davon können die Hufschmiede ein Lied singen.

In Argentinien, wo heute ein Pferd rund hundert Franken kostet, bezahlt man für ein gezähmtes und dienstbar gemachtes Maulpferd das Mehrfache dieses Betrages. Übrigens werden in Südamerika die Maultiere vielerorts wie die Pferde unter Gewaltanwendung in den Hausstand geführt.

Es gibt nun auch Pferde, denen man nachsagt, sie hätten einen «Maultiercharakter». Was heißt das? Wenn Pferde Abwehr leisten, wenn sie ausfeuern, zeigen sie dieses Verhalten vorher an, indem sie die Ohren rückwärts legen (Drohgebärde). Typisch ist die Drohgebärde des Hengstes (angelegte Ohren, gesenkter, vorgestreckter Kopf, schleichende Gangart, schielender Blick von unten herauf). Esel schlagen meistens ohne wesentliche vorherige Anzeichen aus, was eben seltenerweise auch beim Hauspferde vorkommen kann. Diese Eigenheit vererbt sich auf das Maultier, weshalb es zuweilen den schlechten Ruf genießt, unberechenbar, tückisch, ja bösartig zu sein.

Maultiere sind unfruchtbar; doch sind Maultierhengste bekannt wegen ihres unbändigen Geschlechtstriebes. Da sie eine regelrechte Gefahr für die Wärter und die Umgebung bilden (Beißen, Schlagen, Niederlegen, Aufspringen), werden sie am besten als Jungtiere kastriert. Zu interessanten Beobachtungen veranlaßte das im Stuttgarter Zoo gehaltene Zebroidenpaar (Grévy-Zebrahengst/Araberstute). Unter anderem weben beide Tiere zu gewissen Zeiten an ihren ausgetretenen Webplätzen. Das Äußere der beiden ist mehr pferdemäßig, und sexuelle Beziehungen kommen bei ihnen nach heftigem Treiben täglich vor und zwar zu allen Jahreszeiten.

Interessant ist auch die Vorgeschichte dieser Zebroiden. Sie stammen aus Ostafrika, wo ein englischer Farmer auf die Idee kam, acht Araberstuten von einem Grévy-Zebrahengst decken zu lassen. Prompt wurden alle tragend und gebaren gesunde Bastardfohlen. Der Großtierhändler Hermann Ruhe kaufte diese Fohlen und verkaufte sie an den Zirkus Krone in München. Die Gruppe bildete eine Attraktion sondergleichen. Weil diese Bastarde sich aber zu toll gebärdeten, wurde die Nummer nie richtig vorführungsreif. Vollbluthengste müssen sich meistens erst austoben, bis sie zahmer werden. Jedoch je mehr diese acht Zebroiden bewegt wurden, um so temperamentvoller wurden sie. Die Manegedarbietungen arteten in regelrechte Rasereien aus. Die Tiere sprangen im Zirkusrund über die Piste in die Logen. Die Dressur, oder vielmehr der Dressurversuch, der von einem erfahrenen Dresseur vorgenommen wurde, mußte nach zwei Jahren abgebrochen werden. Die Tiere gelangten dann in verschiedene Zoologische Gärten. Der Dresseur wurde verschiedentlich überrannt, mit Bissen und Schlägen bedacht und lag zweimal deswegen im Krankenhaus.

Alter

Im ersten Lebensjahr des Fohlens vollzieht sich das größte Wachstum. Der Zeitpunkt der Geburt bestimmt größtenteils das spätere Leben des Pferdes. Spätgeworfene Füllen sind krankheitsanfälliger und serbeln häufig den ganzen Winter hindurch. Erfahrene Züchter lassen eine Stute eher ein Jahr lang leer stehen, als sie in den späten Jahreszeiten abfohlen zu lassen.

Veteranen unter den Einhufern werden bis 60 Jahre alt. Esel und Maultier erreichen im allgemeinen das höchste Alter. Das Durchschnittsalter der Hauspferde ist aber bedeutend niedriger, nämlich 10 bis 15 Jahre. Krankheiten und Unfälle setzen ihnen arg zu. Die Geschlechtsreife tritt beim Pferde vor der eigentlichen Körperreife ein. Kaltblüter sind früher geschlechtsreif und gebrauchsfähig als Warmblüter.

Der Gebrauch des Pferdes zur Zucht und zur Arbeit richtet sich jedenfalls nach der Entwicklung des Tieres. Stuten, die zu früh beschält und zu anderen Leistungen verwendet werden, entwickeln sich nie mehr zu vollwertigen Pferden. Leicht stellen sich bei Pferden, die zu früh zum Gebrauch herangezogen werden, nicht nur körperliche Mängel, sondern eben auch psychische Schäden ein, wie passives Verweigerungsverhalten. Jüngere, temperamentvolle Pferde reagieren schneller, und somit macht sich bei ihnen aktives Scheuverhalten eher bemerkbar. Ältere Pferde dagegen bereiten mehr Schwierigkeiten mit passivem Scheuverhalten, wie dies Prof. Dr. Bernhard Grzimek (30) in seinen Scheuversuchen festgestellt hat.

Dressurmethodik

Im Grunde genommen sind drei verschiedene Pferde-Dressurmethoden zu unterscheiden: die Vergewaltigung, die schrittweise Gewöhnung und die planmäßige Dressur.

Die Vergewaltigung von rohen Pferden ist eine Methode, die in Zuchtgebieten der Neuen Welt betrieben wird, wo die Tiere bis zum Gebrauchsalter in großen Herden frei gehalten werden und wo Zeit sehr viel Geld bedeutet. Der ausersehene Wildfang wird mit dem Lasso aus der Herde gefangen, mit Gewalt in ein enges Verlies gedrängt, in dem er sich kaum bewegen kann; dann wird ihm das Zaumzeug über den Kopf gezwängt und der Sattel aufgelegt. Nachdem nun ein verwegener Gaucho oder Cowboy sich auf das Pferd gewagt hat, wird dieses ins Freie gelassen, wo es nun vom Zureiter «gebrochen» wird; eine angst- und schmerzerfüllte, mittels Peitsche, Sporen, Schenkeldruck und Zügelzug vorgenommene Methode, die den Zweck hat, das Pferd in kurzer Zeit dem Menschen gefügig zu machen.

Eine weitere Vergewaltigungsmaßnahme besteht darin, dem halbwilden Pferde ein Vorderglied hoch zu binden, so daß es unter großen Anstrengungen auf drei Beinen longiert gehen muß, bis das Tier kapiert hat, daß es vorteilhafter ist, sich der vom Menschen gewünschten Verhaltensweise zu fügen.

Bei Pferdebändigern früherer Zeiten war das sogenannte Werfen im Gebrauch, eine Vergewaltigungsart, bei der mit Hilfe von Fesselvorrichtungen das tobende Pferd auf den Boden geworfen und liegen gelassen wurde. Diese Prozedur fand so oft Wiederholung, bis das Tier sich ergeben hatte.

Die zuverlässigste Dressurmethode ist zweifellos die schrittweise Gewöhnung. Ein zum Reiten vergewaltigtes Pferd ist noch lange nicht für den Zug brauchbar, und bei der Dressur besteht die Gefahr der Schnellbleiche und des Schemas. Was für den Menschen die Kinderstube bedeutet, bedeutet die Dressur für das Pferd. Der spätere Gebrauchswert der Pferde hängt sehr von dieser Schule ab. Sehr viel passives und aktives Scheuverhalten resultiert aus einer mangelhaften Erziehung des Pferdes zum Gebrauchstier.

Auf der Wildbahn erzwingt der Leithengst seine Macht mit Beißen und mit der Zuverlässigkeit, mit der er seine Herde gegen Feinde schützt. Wir können annehmen, daß das Hauspferd den Menschen gewissermaßen als erstrangigen Artgenossen betrachtet. Die Autorität erreicht der Mensch mit Hilfe der Strafe und der Belohnung, wofür nicht nur Wissen und Können, sondern auch Begabung erforderlich ist.

Haltung

Der Mensch hat das einstige Steppentier Pferd zum Höhlenbewohner gemacht. Wir brauchen uns nicht zu verwundern, wenn ein bewegungsgewohntes Wesen, das zuweilen zur Untätigkeit verdammt und in den meisten Fällen noch angebunden im Stande steht, sich unerwünschte Gewohnheiten aneignet, die mit der Zeit zu regelrechten Automatismen werden.

Die Kunst der Hausbarmachung des Pferdes bestand darin, die geänderten Lebensverhältnisse (Arbeit, Nahrung, Unterkunft, Geschlechtsfunktionen usw.) mit den vom Freileben hergebrachten natürlichen Anlagen in Einklang zu bringen. Ist die Haltung des Pferdes unzweckmäßig, d. h. ist dieses Gleichgewicht Freileben/Hausstand gestört, z. B. infolge geringer Bewegung, ungehörigem Umgang, mangelhafter Unterkunft usw., so kann beim Hauspferd problematisches Verhalten auftreten. Die Tierpsychologie hilft dem Pferdebesitzer, die Ursachen solcher Störungen zu erkennen, vorzubeugen und Abhilfe zu schaffen.

Je biologischer ein Pferd gehalten wird, desto besser wird sein Gesundheitszustand in körperlicher und seelischer Hinsicht, desto zufriedenstellender wird seine Leistung sein. Bewegung ist des Pferdes Element. Für Pferde, die sich täglich nicht mindestens sechs Stunden ausgiebig bewegen können, ist unbedingt eine Weidegelegenheit oder der Aufenthalt in einem Auslauf erforderlich.

Verwendungsart

Das Pferd ist neben dem Hund das am vielseitigsten verwendete Tier; es wird sogar für die verschiedensten Verwendungsarten gezüchtet. So kennen wir gewöhnliche Reitpferde, Rennpferde, Polopferde, Ackerpferde, Lastpferde, Kutschenpferde, Saumpferde, Zirkuspferde usw. Ein Großteil der psychogenen Fehler der Hauspferde basiert auf äußeren Einflüssen. Ein Zugpferd ist anderen Einwirkungen ausgesetzt als ein Reitpferd und ein solches wiederum anderen als ein Freiheitsdressurpferd. Verschiedene Autoren ordnen ja die Unarten der Pferde ein in Zug- und Reituntugenden. Zirkuspferde, die während der Aktivdienstzeit bei der Traintruppe Dienst tun mußten, bereiteten oft bedenkliche Schwierigkeiten.

Gebrauchsmittel

Das Hauspferd, das zur Arbeit oder zum Vergnügen der Menschen gebraucht wird, muß sich gefallen lassen, in einem rauchigen Lokal periodisch vier Eisen auf die Hufe aufgebrannt zu bekommen und in einen aus Leder, Holz, Textilien, Metall und anderen Materialien bestehenden Apparat gesteckt zu werden. Dem Zugpferd wird an diesen Apparat ein mit Eisenreifen oder neuerdings mit Gummireifen versehener Wagen angeschnallt oder angehängt. Wie im Marionettentheater die Puppen dirigiert werden, wird der gute Gaul, unbewußt seiner Kraft zum Widerstand, mit Hilfe von zwei Leinen nach links oder nach rechts geleitet. Um dem braven Gaul «Gas» geben zu können, hat der armselige Menschenzwerg ein interessantes Ding erfunden, die Peitsche, die von Friedrich Nietzsche noch für einen anderen Zweck besungen wurde.

Dem wichtigen tierpsychologischen Grundgesetz folgend, nach dem starke Eindrücke schneller eine Assoziation prägen als häufige schwache Eindrücke, sind in der Reitpferdedressur weitere Hilfsmittel im Gebrauch: Gebisse, Kinnketten und Sporen. Im Grunde genommen sind dies alles Marterinstrumente und sollten nur von kundigen Leuten zur Anwendung gelangen.

So wie in der Neuzeit der Motorfahrzeug-Fachmann im Hinblick auf den tadellosen Verkehrsablauf eine große Verantwortung hat, tragen ebenfalls die Sattler, Wagner und Schmiede eine große Verpflichtung. Die Schnallen, Schrauben, Verbindungsstücke und vieles andere mehr am Sattel, an der Beschirrung, am Wagen, am Beschlag, müssen fachmännisch bearbeitet und vom Fahrer oder Reiter stets gut unterhalten und angewendet werden. Aktives Scheuverhalten der Pferde mit den bedenklichen Folgen und passive Leistungsverweigerungen sind die Resultate der Verwendung mangelhafter Gebrauchsmittel in der Mensch/Pferd-Beziehung.

Körperliche Behinderungen

Körper und Seele bilden eine Einheit. Beide beeinflussen einander, beide sind voneinander abhängig. So hat jede körperliche Behinderung auch ihre seelische Seite. Innere und äußere organische Krankheiten, Schwächen, Anomalien der Organe, Hormonalstörungen, Nährstoffmängel, Traumata usw. stellen vielfach Ursachen von problematischen Verhaltensweisen der Hauspferde dar, die meistens vom Gefühl des Schmerzens geleitet sind.

II. SPEZIELLER TEIL

A. UNLUSTBETONTE VERHALTENSWEISEN

1. *Furchtbetonte Unarten*

Die Angst der Einhufer

Das Wort Angst ist stammesverwandt mit dem lateinischen «angustia», das in die deutsche Sprache übertragen soviel wie Enge bedeutet. Im deutschen Sprachgebrauch werden die Begriffe Angst und Furcht vielfach bedeutungsgleich gesetzt. Der Fachmann operiert mit wesentlichen Unterschieden; er erklärt Angst als jenen Gefühlszustand, der im Gegensatz zur Furcht einer unbestimmten Lebensbedrohung entspricht.

Bei Tieren geraten wir beim Auseinanderhalten von Angst und Furcht oft in Schwierigkeiten. Beim Hauspferde haben wir es gewiß in den allermeisten Fällen mit Furcht zu tun.

Viele Beobachtungen deuten darauf hin, daß den Tieren ein bestimmtes Wissen um ihre zukünftigen Lebensbedrohungen mit auf den Lebensweg gegeben wird, das sich dann in einer Reifezeit zum eigentlichen «Feindschema» entwickelt. In den Rahmen dieses Schemas gehören Gestalt, Farben, Größe, chemische Reize, Bewegungen, Bewegungstempo, Annäherungsarten und andere Reize von Feinden oder anderweitigen Bedrohungen. Eindrücklich hat uns Prof. Grzimek in seinen Afrika-Filmen Bilder gezeigt, in denen sich wenige Meter neben spielenden oder dösenden Löwen äsende Huftiere befinden. Man kann in gewissen afrikanischen

Schutzgebieten mit Autos ganz nahe an Zebraherden heranfahren, ohne daß diese die Flucht ergreifen. Die Tiere sind an Autos gewöhnt. Erst wenn eine Person vorschriftswidrige Anstalten trifft und das Auto verläßt, stieben die Tigerpferde davon. Das Pferd verfügt über ein verhältnismäßig weites Feindschema, angefangen vom Lichtfleck im Walde, vom fallenden Blatt, vom leisen Summton einer Bremse bis zur rauchenden, pfeifenden, stinkenden, kreischenden, sich in Bewegung befindenden Dampflokomotive oder bis zur Naturkatastrophe (Lawinen, Erdbeben). Bedeutende Tierpsychologen der Gegenwart sind der Auffassung, daß dem Tier das Bild der Lebensbedrohungen archetypisch bekannt ist, was man bei verschiedenen Arten mit Hilfe von Attrappen experimentell nachweisen kann. «Das Bild ist entweder a priori, quasi archetypisch vorhanden, also angeboren, oder es wird auf dem raschesten Wege individuell gelernt. Wer es nicht rechtzeitig lernt, verfällt der unerbittlichen Selektion», sagt Prof. Dr. H. Hediger (31).

Interessant ist, wie verschiedene Huftierarten mit Flucht reagieren, wenn sie Menschen ansichtig werden, die auf allen Vieren einhergehen. Das wissen besonders die Tierphotographen, die oft, um bessere Aufnahmen machen zu können, genötigt sind, zum Vierfüßler zu werden. Dr. Klaus Zeeb hat diese Quadrupedenreaktion, wie er diese Erscheinung nannte, an vielen hundert Pferden untersucht, die umweltbedingt unterschiedlich reagieren. Offenbar handelt es sich um eine angeborene Verhaltensweise auf dieses Vierfüßlerschema; um eine angeborene Schutzmaßnahme vor Raubtieren.

Friedrichs Schillers «Hunger und Liebe erhält das Weltgetriebe» hat für die Existenz des Wildpferdes eine eher untergeordnete Bedeutung. Vielmehr ist es die stete Fluchtbereitschaft, die fluchtauslösende Furchtstimmung, die Fähigkeit, sich überhaupt zu fürchten, was die Arten und Individuen vieler freilebender Wildtiere, so auch der Wildpferde, am Leben erhält. Die alles dirigierende Furcht, bzw. die Feindvermeidung, läßt vielfach die Wildtiere alles andere, wie Ruhe, Nahrungsaufnahme, Pflege, Spiel, Paarung, Rivalitäten usw. gänzlich vergessen. Der ganze Körperbau, man bedenke z.B. die Hochbeinigkeit der Fohlen, die Lage und der Bau der Augen, die Sinnestätigkeit und somit auch die wichtigsten psychischen Leistungen sind bei den Vorfahren unserer Hauspferde in erster Linie darauf eingestellt, in der Flucht das Heil zu suchen. Flucht bedeutet die Faustregel des Wildpferdelebens, und hierin liegt die biologische Ursache des Scheuens unserer Pferde.

Praktisch lebt kein freilebendes Tier wirklich frei. Selbst das Sinnbild der Freiheit, der Adler, fliegt, weil er fliegen muß, um Nahrung zu suchen und Feinde (Mensch und arteigene Feinde) zu meiden. Vermutlich sind es die scheinbar harmlosen Märchen, mit denen dem Erdenbürger schon im Kleinkindesalter die unmöglichsten Vorstellungen von der «goldenen Freiheit» der Tiere eingeimpft werden. Es ist übrigens interessant festzustellen, wie in den Kinderfabeln nicht allein Reichtum, Schönheit, Kraft usw., sondern auch Furchtlosigkeit als Ideale angesehen werden. Erinnert sei in diesem Zusammenhang an die Märchen der Brüder Grimm: «Von einem, der auszog, um das Gruseln zu lernen» und «Der Königssohn, der sich vor nichts fürchtet».

Nicht allen wildlebenden Tieren ist das Angstgefühl angeboren. Den Mornellregenpfeifer, einen Vogel der nordischen Bergwelt z.B., kann man veranlassen, seine Eier auf der Menschenhand auszubrüten. Auch viele Robben und Pinguine in weitabgelegenen Gebieten zeigen keine Menschenfurcht, ganz einfach, weil sie keine solchen Feinde in ihrer natürlichen Umwelt kennen. Anders das Wildpferd, das sich seit eh und je mit Feinden auseinandersetzen mußte; es betrachtet das merkwürdig aufrechtgehende Wesen, das seit Urzeiten Jagd nach ihm machte, wohl als Feind ersten Ranges.

Selbst im Schlaf wird der wilde Einhufer vom Phänomen Angst bzw. Furcht umgarnt. Ja, gewisse Tiere können überhaupt nicht schlafen, sie dösen nur und leben in ständiger Fluchtbereitschaft. Die Giraffe hält unter den fliehenden Pflanzenfressern wahrscheinlich den Weltrekord in Sachen Schlaflosigkeit. Sie schläft je Nacht höchstens 20 Minuten, und sogar diese sind, obwohl sie von wachenden Artgenossen umgeben ist, durch Pausen unterbrochen. Anders die Raubtiere, die als geborene Schlafmützen gelten. Alle Tiere, die von Feinden bedroht werden und die nicht mit besonderen Waffen ausgerüstet sind, nehmen auch eine Ruhestellung ein, die ihnen erlaubt, bei Gefahr sofort aufspringen und flüchten zu können, so auch das Wildpferd. Trotz jahrtausendalter Anpassung an den Menschen hat das Hauspferd das Schlafbedürfnis nur wenig erhöht. Pferde dösen; die Sinne bleiben wach, und dieser Halb- oder Viertelschlaf genügt den Tieren, um sich auszuruhen.

Hierin liegt auch die Erklärung für die Gewohnheit der Stuten, die Jungen in aller Heimlichkeit zur Welt zu bringen. Walter Koch (32) hat gezeigt, wie Pferdestuten die Geburt bis zu zwölf Stunden verschieben können. Seine Beobachtungen erfolgten in einem Pferdehospital während einer Zeit von vier Monaten, in der sich 250 Pferdegeburten ereigneten. Die Mähren fohlten mit verhältnismäßig wenig Ausnahmen dann, wenn die Stallwachen ruhten oder mit bedeutend geringerer Intensität patrouillierten, nämlich abends zwischen 19.00 und 21.00 Uhr und morgens zwischen 04.00 und 06.00 Uhr. Die Stuten änderten diesen Rhythmus, als während der Beobachtungszeit die «Sommerzeit» eingeführt wurde; sie folgten der veränderten Uhrzeit.

Man kann bei Pferden verschiedene Furchtqualitäten, z. B. Trennungsfurcht, Gurtenzwang, Kopfscheuheit, Bodenscheuheit usw. und verschiedene Furchtquantitäten, vom leichten Stutzen bis zur psychischen Lähmung, feststellen.

Wie Einhufer Furcht erleben und verarbeiten, ist individuell unterschiedlich. Dies hängt in erster Linie von den Anlagen (Charakter, Temperament) ab. Die Momente, die dem Pferde Furcht einjagen, sind äußerst zahlreich und mannigfaltig. Diese können aus direkten Bedrohungen bestehen oder erfahrungsbedingt sein. Das ordnungsmäßig erzogene Hauspferd hält auf den kleinsten Wink hin den Huf zum Reinigen nach oben. Anders aber in der Zoopraxis. Hufkorrekturen bei Zebras müssen meistens in Narkose vorgenommen werden.

Das erste, was die Natur vom Wildpferdfohlen verlangt, ist, sich fürchten zu lernen. Die Furcht muß bei den wildlebenden Tieren positiv bewertet werden. Welch wichtige Rolle dieser Gefühlszustand als Beschützer des Lebens erfüllt, beweisen jene Tiere, die von frühester Jugend auf in menschlicher Pflege aufwachsen, auf den Menschen geprägt sind, also über ein sehr geringes Vermögen verfügen, um in Angststimmung zu geraten, und die dann eines Tages in die Wildnis ausgesetzt werden. Meistens fallen solche bedauernswerte Tiere in den folgenden Nächten schon den Raubtieren zum Opfer.

Aber auch im Hausstande des Pferdes müssen wir Furcht als notwendig erachten. Ohne Furcht und Schmerz wäre das Pferd kaum zum Haustier geworden. Richtig bemerkt Stefan von Màday (12): «Warum wirkt also die Peitsche Wunder, warum nicht der Hafer? Weil Unlustgefühle im allgemeinen bedeutend stärker sind und tiefer einwirken als Lustgefühle. Fast ausnahmslos sind Unlustgefühle über Lust, Furcht über Liebe. Für seinen Wohltäter tut das Pferd viel, in der Regel mehr als der Mensch; für den aber, der ihm Furcht einjagt, tut es hundertmal mehr.»

So nützlich sich dem wilden Pferde die Fähigkeit des Fürchtens als Hüter des Lebens erweist, so sehr auch der Abrichter sich des Faktums der Furcht bedient, so verheerend kann sich beim Hauspferd diese problematische Eigenheit als Relikt grauer Vorzeit auswirken.

Furchtbetonte Verhaltensweisen der Hauspferde

Wer Pferd mit Furcht verbindet, denkt zwangsläufig an Scheuen. Die betreffenden tragischen Zeitungsmeldungen sind jeweils wie folgt überschrieben: «Tod durch flüchtendes Pferd», «Durchbrennende Pferde», «Scheuende Pferde verursachen schweren Unfall», «Todessturz vom scheuenden Pferd» usw. In der Mensch/Pferd-Beziehung ist Scheuen als eine Sammelbezeichnung von verschiedenartigen, erb- oder erfahrungsbedingten Leistungsverweigerungen zu betrachten. Grundsätzlich sind beim hausbar gemachten Pferde drei verschiedene Scheuverhaltensarten auseinander zu halten:

1. Das unlustbetonte, aktive Scheuen (Durchgehen, Steigen, Bocken usw.);
2. Das unlustbetonte, passive Scheuen (Stetigkeit);
3. Das lustbetonte Scheuen, das der Praktiker unter dem Namen «Bummelwitz» kennt und bei dem die Furcht keine wesentliche Rolle spielt.

Auch wenn wir den Begriff Flucht beim Hauspferd etwas näher untersuchen, so können wir feststellen, daß es verschiedene Fluchttypen gibt, wovon nur einer wirklich furchtbetont ist:

1. Flucht im Dienste der Bedrohungsumgehung

a) *Flucht 1. Grades.* Angst und Furcht dominieren. Die Bezeichnung Panik ist hier angebracht. Es handelt sich dabei um reflexartiges In-die-Flucht-stürzen von Einzeltieren, typischer aber von ganzen Gruppen. Die Ursache ist vielfach nur scheinbar oder so gering, daß sie vom Menschen gar nicht ermittelt werden kann. Die Flüchtenden befinden sich bei einem solchen Anlaß in maximaler Aktivität und handeln oft ohne Rücksicht auf ihr Leben. Fluchtweg unbestimmt. Todesstürze über Abgründe und ins Wasser sind dabei nicht selten. Die Flucht kann unterbrochen werden, um gleich wieder in Szene zu treten. Bei panikbefallenen, flüchtenden Hauspferden soll der Fluchtweg schon über hundert Kilometer betragen haben (St. Petersburg 1871).

b) *Flucht 2. Grades.* Unter diesen sekundären Fluchttyp fällt das gewöhnliche, furchtbetonte Durchgehen der Hauspferde, das sich zuweilen bis zur Panik steigert. Ein solches kampfloses Durchgehen ist dem Pferd dann möglich, wenn es sich frei oder in loser Führung befindet.

c) *Flucht 3. Grades.* Wildlebende Huftiere lassen den Menschen nur bis zu einem bestimmten Abstand herankommen. Wird diese Distanz überschritten, so ergreifen die Tiere die Flucht. Bei gekoppelten Pferden ist dieser Fluchtabstand von Einzeltier zu Einzeltier, oder von Gruppe zu Gruppe, je nach dem Gewöhnungsgrad, verschieden. So müssen die Pferdebesitzer oftmals einzelne Tiere regelrecht aus der Koppel heraus fangen. Von einer Flucht auf Leben und Tod kann bei diesem Fluchtverhalten nicht die Rede sein.

2. Kampfbetonte Flucht

Das Rückwärtsgehen, das Umwenden, das Sich-im-Kreisedrehen, in gewissen Fällen das Steigen und das Drängen und andere Verhaltensweisen, sind vielfach als Fluchtversuche an Ort zu beurteilen. In vielen Fällen muß das durchgehende Pferd erst die Flucht erkämpfen. Das Ausreißen des Hengstes auf die Wahrnehmung einer brünstigen Stute hin hat mit Angst nichts mehr zu tun.

3. Scheinflucht

Darunter ist das Flüchten als Werbehandlung der freilebenden Stuten zu verstehen, die damit dem Hengst die

Decklust anregen. Diese geschlechtsbetonte Verfolgungsjagd geht freilich nicht über alle Berge. Es wird höchstenfalls ein Ausweicheabstand eingehalten.

4. Spielerische Flucht

Sie tritt am häufigsten auf der Weide zu Tage und entspricht nicht dem Ernstfall, sondern dem Spiel der Tiere, also einem inneren Drang nach Betätigung, nach Bewegung. Der Praktiker kennt diese Gebaren unter der Bezeichnung «Montagmorgenstimmung» oder «Bummelwitz».

5. Gelenkte Flucht

Der Mensch flüchtet mit Hilfe des Pferdes. Fluchtweg und Fluchtziel wird vom Menschen bestimmt.

Verhaltensweisen also, die von der Reizauslösung bis zum Ende der Reizreaktion rein furchtbetont ablaufen, kann das im Hausstand befindende Pferd verhältnismäßig selten äußern. Wenn dem Pferde nach einem erfolgreichen Fluchtversuch die Flucht gelingt, oder wenn der Durchgänger sich in einer labilen Führung befand, die das Durchgehen ohne weiteres ermöglichte, können wir dieses Verhalten gewiß als angst- bzw. als furchtbetont beurteilen.

So fiel vor Jahren in einem Vorort einer größeren Schweizer Stadt ein Sonntagsreiter vom Pferde, das darauf stadteinwärts die Flucht ergriff. Bald beruhigte sich das Tier wieder und trabte im gemächlichen Trabe daher. Erneut erschreckt, setzte das ledige Reitpferd über Gartenzäune hinweg, geriet in den Straßenverkehr, wo es niederstürzte und liegen blieb. Der Zürcher Pferdemaler Iwan E. Hugentobler hat in seiner Aquarellstudie «Frei und ledig» ein solches flüchtendes Reitpferd festgehalten. Diese Darstellung schmückte den Umschlag der Aprilnummer des «Schweizer Kavallerist» im Jahre 1950.

Eine perfekte Flucht eines Pferdes erlebte ich vor 20 Jahren an einem Bundesfeiertag. Als Landwirtschaftslehrling hatte ich vom damaligen Meister den Auftrag, Schwedenreuterlatten von einem weitabgelegenen Felde mit dem Einspännerfuhrwerk nach Hause zu fahren. Der Wagen war bereits voll geladen. Infolge Abwehrbewegungen der sonst zuverlässigen jungen Stute gegen lästiges Ungeziefer fielen plötzlich einige Latten vom Wagen. Die fallenden Bewegungen der 4 m langen Holzstangen und die damit verbundenen Geräusche versetzten das Pferd in Fluchtbereitschaft. Gleich war es auch geschehen. Es gelang mir nicht mehr, den fluchtverhindernden Apparat, d.h. die Leine zu erhaschen. Zu meinem eigenen Leidwesen unterließ ich als junger Blitzbauer, das Leitseil an der Bremsvorrichtung zu sichern. Die gute «Lisi» jagte in rasender Flucht samt ratterndem Wagen den nächsten ca. fünf Kilometer langen Weg nach Hause. Eine am Unglücksort anwesende Frau lieh mir ein Fahrrad, mit dem ich der Flüchtenden nachfuhr. Vor dem Tenntor konnte ich die Ausreißerin, die sich bereits wieder beruhigt hatte, in Empfang nehmen. Auf dem ganzen, langen Fluchtweg lagen links und rechts am Straßenrand Holzlatten. Obwohl die durchgegangene Stute die berüchtigte Rennstrecke Zürich–Baden überquerte, ergab sich glücklicherweise bei diesem unliebsamen Vorkommnis kein bedeutender Schaden. Mein Mißgeschick wurde im betreffenden Bauerndorf noch nach Tagen eingehender diskutiert als die Vaterlandsrede des patriotischen Dorfschulmeisters.

Perfekte Flucht nannte ich mein hippologisches Debüt mit der Pferdestute «Lisi». Dies darum, weil die Flucht nicht erzwungen werden mußte, also absolut furchtbetont war und weil dabei die beiden charakteristischen Grundzüge der Pferdeseele zum Ausdruck kamen: die stete, wenn auch meistens scheinbar schlummernde Fluchtbereitschaft und der Hang zu dem gewohnten, heimischen Lebensraum.

Nicht immer ist das «An-die-Wand-drängen» der Pferde kampfbetont oder gar der Sexualsphäre angehörend. Um den Schlägen anderer auszuweichen, legen sich die Pferde im Herdenverband oft Flanke gegen Flanke, was keiner Angriffsbewegung, sondern einer Schutzmaßnahme gleichkommt. Wie sich diese Schutzmaßnahme des verängstigten Pferdes in der Mensch/Pferd-Beziehung auswirken kann, schildert folgende Zeitungsmeldung: «Tödlicher Unfall durch scheuendes Pferd. Sursee: Der 64jährige Josef Amrein, der seit Jahren als Karrer bei einer Landwirtsfamilie in Beromünster diente, wollte seinem Pferd ein Bündel Heu reichen. Dabei scheute dieses zurück und drückte Amrein mit Wucht an den Gartenhag. Der Karrer erlitt schwere innere Verletzungen, denen er im Bezirksspital Sursee nach acht Tagen erlegen ist.»

Gelegentlich verursachen auch steigende Pferde bedenkliche Unfälle. Ein Fall, bei dem ich selbst Augenzeuge war, soll dies veranschaulichen. Das Geschäftsfuhrwerk eines Bäckers fuhr die Hauptstraße entlang. Plötzlich tauchte aus einer Seitengasse ein rennender Knabe auf, der einen Reifen vor sich herbewegte. Das Einspännerpferd erschrak und hob sich in die Lüfte. Die Landen gingen in Brüche; mit Not konnte der Fahrer das Tier noch halten, und der Verursacher dieses Geschehens konnte froh sein, von den niederschlagenden Hufen nicht getroffen zu werden.

Als furchtbetonte Unarten können in bestimmten Fällen auch das Zurücktreten aus dem Stande und das Nichtabliegen beurteilt werden, nämlich dann, wenn Schreckerlebnisse (Verletzungen an vorstehenden Nägeln, Unfälle beim Aufstehen usw.) die Tiere davon abhalten, normal im Stande zu stehen und zum Ausruhen abzuliegen.

2. *Kampfbetonte Unarten*

Die Aggression der Einhufer

Kampfhandlungen setzen Kampfstimmung voraus. Aus der Furchtstimmung des Einhufers, wenn diese nicht in Kampfstimmung umschlägt, resultiert Umgehung der Bedrohung, nämlich die Flucht. Kampfgefühle leiten gerade das Gegenteil ein, den Angriff.

Die kämpferischen Auseinandersetzungen der Einhufer dienen drei verschiedenartigen Zwecken: der allgemeinen Feindbekämpfung, der sozialen Rangordnung und dem Sexualleben. Das Pferd kämpft, um ein bestimmtes Ziel zu erreichen. Kampfhandlungen sind artgemäß angeboren, sie setzen sich aus Instinktbewegungen zusammen. Am eigentlichen Kampf empfindet das Pferd gewiß keine Lust, wenn wir vom Spiel absehen. Nur das Ziel des aggressiven Pferdes, den Feind verjagt zu haben, den Rivalen untergeordnet zu haben und den Sexualtrieb zu befriedigen, bedeutet Lust.

Der griechische Philosoph Heraklit, der 500 Jahre vor Christus lebte, prägte die Worte: «Der Kampf ist der Vater aller Dinge.» Für alles, was gedeiht und lebt, bedeutet Kampf gewissermaßen Notdurft. Schon im kleinsten Wassertröpfchen liefern sich winzige Rädertierchen fortlaufend Kämpfe, die in ihrer Grausamkeit nicht überboten werden können. Charles Darwin begründete daraus vor 120 Jahren seine berühmte Theorie der Artenentstehung. Er ging dabei von zwei Überlegungen aus:

1. Ein Elternpaar zeugt weit mehr als zwei Nachkommen, d.h. mehr Nachkommen, als für die Konstanterhaltung der Individuenzahl einer Art erforderlich ist. Aus dem Überfluß ergibt sich ein Kampf ums Dasein, ein Konkurrenzkampf um Nahrung, Lebensbezirk und Fortpflanzung.

2. Aus diesem Kampf ums Dasein werden die geeignetsten, d. h. jene, die sich an die Gegebenheiten ihrer Umwelt am besten anpassen, hervorgehen.

Obwohl diese Theorie verschiedentlich angefochten wurde, gilt sie heute in verfeinerter und ergänzter Form als der umfassendste Deutungsversuch der stammesgeschichtlichen Entwicklung.

Selbst der überlegende Mensch kommt nicht um den Kampf herum. Die Aggressivität ist eine das Gesellschafts- und Privatleben der Menschen sehr belastende Tatsache. Jedoch vermag der vernünftige Mensch dieses weniger rühmliche Faktum durch Rechtsformen zu versittlichen. Weitsichtige Frauen und Männer haben beispielsweise das Sklaventum, die Menschenfresserei, die Duelle und die Blutrache abgeschafft, haben die internationalen Menschenrechte geschaffen und den Satz geprägt und begründet: «Kein Mensch ist voll für sein Tun und Lassen verantwortlich» usw. Der Richter unterscheidet zwischen Zurechnungsfähigkeit und Unzurechnungsfähigkeit, zwischen vorsätzlichem Mord und Totschlag im Affekt. Erinnert sei in diesem Zusammenhang auch an das große Werk unseres Landsmannes Henri Dunant, an das Rote Kreuz.

Leben bedingt also Kampf, und in der Tat, wenn wir bedenken, daß das Pferd rund 70 Millionen Entwicklungsjahre hinter sich hat, wenn wir bedenken, daß der heutige Einhufer aus einem ursprünglich fuchsgroßen Tierchen entstanden ist, müssen wir beim Pferdegeschlecht Kampf wirklich groß schreiben.

Nun, wie kämpft das Pferd? Bei der Stute ist das Gebiß die sekundäre Waffe, die meistens nur innerhalb der Art im Kampf um die soziale Rangordnung in Gebrauch tritt. Die Stuten drehen sich nach dem Feinde um und feuern mit den hintern Extremitäten einzeln oder paarweise aus. Der Hengst kann das auch, doch sind bei ihm das Gebiß mit den Hakenzähnen und die vorderen Extremitäten, mit denen er aufgerichtet aushaut, die primären Angriffs- und Verteidigungswerkzeuge.

Den eigentlichen Kampfhandlungen geht bei der Stute und beim Hengst vielfach sogenanntes Drohverhalten voraus. Trefflich schildert Prof. O. Antonius (33), der einstige Wiener Zoodirektor, diese Ausdrucksbewegungen beim Hengst: «Vollkommen verschieden ist jene Haltung, die ich als Drohhaltung bezeichnen möchte, die der Hengst einnimmt, wenn er dem erkannten Nebenbuhler oder Feind entgegengeht oder die Stute zurechtweist. Dann legt der Hengst in bekannter Weise die Ohren an, senkt den Kopf mit gestrecktem Hals bis zum Boden und umkreist den Gegner in dieser merkwürdigen Haltung in einem, ich möchte sagen ‹schleichenden› Schritt oder in einem durch das gesenkte Haupt eigentümlich katzenbucklig wirkenden kurzen Galopp. Der durch die tiefe Kopfhaltung bedingte, schielende Blick von unten herauf gibt dem Tier in dieser Haltung mitunter geradezu etwas Dämonisches.»

Dieses Angriffsverhalten der Hengste, das Prof. Antonius Drohhaltung nennt, konnte ich im Oktober 1957 im Münchner Zoo bei einem Przewalski-Pferdehengst beobachten. Auf dieselbe Art kam der Grimmige jeweils, wenn einzelne Besucher ans Gehege traten, trotz zwei Meter hohem Gitterzaun, dahergeschlichen. Selbst entmannte Hengste zeigen dasselbe Verhalten, wie ich dies auf der Bremgartner Fohlenweide feststellen konnte. Bei diesem Anlaß vertrieb das Leittier einer Wallachherde einen in die Koppel geratenen Jagdhund.

Wie bereits besprochen, zeigen Esel und Halbesel andere Verhaltensweisen als echte Pferde, besonders bei der Paarung, aber auch im Angriff. Eselhengste traben oder galoppieren mit hoch gehobenem Kopfe auf den Feind zu. Dies demonstrierte mir wiederholt der alte, äußerst angriffige

Kiang-Hengst im Pariser Zoo und Jardin de Plantes (Mai 1960) und auch einer der vier Onagerhengste in Hagenbecks Tierpark (Mai 1962).

So unterscheiden sich die Arten nicht nur äußerlich, formen- und farbenmäßig, sondern eben auch verhaltensmäßig.

Wie die Furcht, so ist auch die Aggression im Hausstande des Pferdes, wenigstens vom Menschen aus gesehen, von positiver Bedeutung. Solange in der Mensch/Pferd-Beziehung kein Kampf, oder zumindest keine Abwehr stattgefunden hat, ist das Tier noch nicht gebrauchsfähig. Erst nach Auseinandersetzungen, bei denen das Pferd normalerweise unterliegt, kann sich dieses von der Überlegenheit des Menschen überzeugen.

a) Aggressive Verhaltensweisen der Hauspferde

Benehmen, wie das Schlagen, Hauen, Beißen, Niedertrampeln, Steigen und Drängen, die der wildlebende Einhufer schon vor Jahrtausenden auf der Wildbahn äußerte, können auch beim Hauspferde Handlungsweisen sein, die von reinen Angriffsstimmungen geleitet werden.

Allgemeine Aggressivhandlungen

Während der Fohlzeiten ist die Fluchttendenz einer wilden Pferdeherde gewiß bedeutend herabgemindert, da ja die Jungtiere noch nicht in der Lage sind, den Alttieren auf der Flucht in nützlicher Weise zu folgen. Nach Angaben verschiedener Autoren sollen in einer solchen Zeit die Wildpferde ein sogenanntes Carré bilden, ähnlich den amerikanischen Pionieren, wenn sie von Feinden bedroht wurden. Die Stuten bilden dabei eine Kreisformation, indem sie die zum Ausfeuern bereiten hinteren Extremitäten nach außen stellen und die Fohlen in die Mitte nehmen. Der Leithengst umkreist die Herde und bekämpft angreifende Feinde mit dem Gebiß. Gerade gegenteilig begeben sich die mit Hörnern bewaffneten Rinderartigen und die mit Stoßzähnen bewehrten Elefanten in Kampfstellung; diese bilden kopfvoran eine «Mauer». Auch wird es vorkommen, daß der Hengst einer Herde beim Erkennen einer unbedeutenden Drohung, beispielsweise eines einzelnen Wolfes, zum Angriff übergeht und den Kampf der Flucht oder bloßer Verteidigung vorzieht.

In Zoos, wo wilde Tiere in verhältnismäßig engem Raum untergebracht sind und den Tieren eine Flucht weitgehend verunmöglicht ist, sind die Bedrohten viel angriffiger. Einzelne Przewalski-Hengste sind besonders berüchtigt wegen ihrer Aggression. Davon konnte ich mich in München beim bereits erwähnten Tier überzeugen. Jeder unerfahrene Fremdling, der in das betreffende Gehege eingetreten wäre, hätte dies glattweg mit dem Leben bezahlen müssen.

In den Beständen jedes größeren Zirkusunternehmens gibt es berüchtigte Beißer, die, wenn sie nicht mit dem Maulkorbe versehen sind, eine enorme Aggressivität an den Tag legen. Auch der durch seine Idiosynkrasie gegen Glocken und blaue Farbe berühmt gewordene Ponyhengst «Sascha» (34) war von dieser Sorte und konnte nur peitschenbewehrt gewartet werden.

Auf den Jura-Pferdeweiden, wo das freie Weiderecht Gültigkeit hat, werden Touristen gelegentlich beim «Verwöhnen» der Fohlen von den Mutterstuten mit regelrechten Angriffen überrascht.

Seyfert von Tennecker (35) berichtet verschiedentlich von ganz ungemütlichen, alles andere als charakterlich edlen Pferden. Zum Beispiel: «Derselbe Fall ist es auch bei den Hengsten; auch bei diesen gibt es dergleichen Subjekte, denen man außer – und besonders während der Geilheit – den bösartigsten Charakter Schild gibt, die selbst auf ihren

Wärter eingehen und ihn, vorzüglich wenn er sie durch Schläge oder andere Zwangsmittel reizt, recht planmäßig, man könnte sagen mit Überlegung, in Stücke zerreißen und zertreten... Und welch schreckliche Beispiele hat man nicht, wo Hengste ihren Wärter, Fuhrmann und Reiter, gleichsam recht absichtlich auf eine grausame Art ums Leben brachten, ja, die noch so gereizt, unleidlich und bösartig blieben, nachdem sie gewallacht worden waren.»

Wirklich angriffige, blind darauf losstürmende, gefürchtete «Menschenfresser» unter den Hauspferden, wie sie Tennecker beschrieben hat, sind heute, wenigstens dort, wo Pferde seit dem Fohlenalter in stetem Kontakt mit dem Menschen leben, recht selten; sie wurden durch planmäßige Zucht ausgemerzt. Im übrigen können wir wohl in den wenigsten Fällen bei wirklich angreifenden Pferden die Vererbung verantwortlich machen, wohl aber die Erfahrung, zumeist rohe Behandlung. So kommt es immer und immer wieder, hauptsächlich infolge von Hufschlägen, zu argen Unfällen.

Rabiate Gesellen sind oft auch die männlichen Vertreter des Eselgeschlechts, die auf jeden «Feind» aufspringen und diesen mit den Hufen und dem Gebiß traktieren. Beim Zusammengesellen von verschiedenartigen Einhufern oder Einhufern mit anderen Tierarten in Zoos ergeben sich zuweilen ebenfalls schlimme Kämpfe unter den Tieren. Es ist nicht ratsam, ohne weiteres einem Ponyhengst einen Eselhengst beizugesellen. So ist mir ein Fall bekannt, wo ein sonst gutmütiger Eselhengst, der ins Nachbargehege der Pony eindringen konnte, ein Ponyfohlen so arg herrichtete, daß dieses abgetan werden mußte.

Gelegentlich sind auch «Kämpfe» zwischen Leittieren einer Hühnerschar, zwischen Hähnen und Pferden, zu beobachten. Auch mitscheinbaren Feinden kann sich das Pferd auseinandersetzen. Schon einigemal konnte ich beobachten, wie Pferde ein durch den Wind getriebenes Stück Papier wütend mit den Vorderfüßen angriffen und zu zertreten trachteten.

Soziale Aggressivhandlungen

Die weitverbreitete, falsche Vorstellung von der Freiheit der freilebenden Tiere habe ich bereits im vorherigen Kapitel (unter Angst) abgewertet. Selbst innerhalb der Art, im Herdenverband, fühlt sich das höher organisierte Tier nicht so frei, wie wir das unter dem vermenschlichten Ausdruck «vogelfrei» verstehen; es wird von seinen Rangobern gemaßregelt und kommt nie in den Genuß der Gleichberechtigung. Nicht jedes Mitglied einer Tierfamilie, einer Herde oder eines Rudels darf nach seinem eigenen Gutdünken schalten und walten. Jedes Herdentier ist der sogenannten sozialen Rangordnung unterstellt, ohne deren Existenz viele Tierarten gar nicht bestehen könnten, denn die Sozietät bietet dem Einzeltier den notwendigen Schutz.

Einsamkeit würde für die Individuen der meisten höher entwickelten Arten den sichern Untergang bedeuten; vor ihr kapituliert auch jeder normale Mensch. Einheit macht stark, doch muß Einheit geführt werden. Die Unterstellung in eine bestimmte Ordnung ist keine menschliche Erfindung. Lange bevor es Menschen gab, waren Lebewesen auf instinktive Staatenbildungen angewiesen. Beim Urmenschen galt die aus dem Urdasein vererbte Losung «Gewalt gleich Recht». Der denkende Mensch versittlichte diese Rechtsauffassung und schaffte die Gesellschaftsordnung der Nächstenliebe und der Humanität. Wie sehr aber diese uralten Gefühle instinktgebunden sind, können wir z. B. täglich aus den Zeitungen entnehmen. Sie zeigen den Soziologen, wieviel tierisches Erbgut in unseren eigenen gesellschaftlichen Beziehungen steckt. Schon in den untersten Volksschulklassen, besonders in Zeiten des Klassenwechsels, haben wir alle im verkleinerten

Maßstabe gewisse «Bonzenbildungen» mitgemacht. So lassen sich manche Vorkommnisse im menschlichen Leben in ihren Tiefen erst richtig vom Tier her verstehen.

Mit großem darstellerischem Können hat Graf Leo Tolstoi (1828–1910) in seiner Pferdenovelle «Der Leinwandmesser» die sozialen Auseinandersetzungen einer Pferdeherde beschrieben. Als solche erkannt und wissenschaftlich bearbeitet hat sie vor Jahrzehnten Th. Schjelderup-Ebbe (36), und zwar erstmals in einem gewöhnlichen Hühnerhof. Wochenlang saß der gute Mann unter dem Gackervolk und notierte, wer sich von wem weghacken läßt bzw. weghacken lassen muß. So konnte sich der Forscher eine genaue Ordnung vom Chef bis zum «Aschenbrödel», das sich von allen Mitgliedern der Hühnerschar maßregeln lassen muß, feststellen.

Diese Gesellschaftsordnung unter Tieren bleibt nicht immer konstant, sie ist mehr oder weniger dauernd im Fluß; junge Tiere drängen nach und machen den Ranghöhern die Ordnungsstufe streitig. Dies setzt natürlich oft arge Auseinandersetzungen ab. Bei den Dohlen wiederum kann eine rangniedere Dohle plötzlich Gesellschaftsdame Nummer eins werden, vorausgesetzt, daß sie vom Chef «geheiratet» wird.

Die Walliser Bauern (37) lassen bekanntlich ihre Ehringer Kühe vor der gemeinsamen Alpung jeweils unten im Tal noch «ausfechten». Diese Kuhkämpfe genießen Weltberühmtheit und sind nicht einfach als billige Sensation zu bewerten, woraus die Gastwirte den meisten Nutzen ziehen. Nicht immer trifft es zu, daß Kuhköniginnen gute Milchtiere sind; meistens sind es draufgängerische, wehrhafte, guttrainierte «Böcke», und doch sind diese von bedeutendem wirtschaftlichem Wert. Ranghöchste oder ranghöhere Kühe nehmen auf der Alpweide die besten Futterplätze und Futterplätzchen in Anspruch und dulden in ihrer Nähe nur ihre

Winterstallgenossen. Eine Kuhkönigin garantiert dem Besitzer, daß seine Herde im Herbst wohlgenährt von der Alp nach Hause kommt. Ob auf unserem Erdenrund ähnliche Wettbewerbe mit Einhufern ausgetragen werden, ist mir nicht bekannt.

Wie ist nun eine Wildpferdeherde organisiert? Prof. O. Antonius (33) hat auf Grund seiner tiergärtnerischen Erfahrung und von Berichten von Reisenden und Forschern wertvolle Aufschlüsse gegeben. Währenddem die Halbeselherden in den asiatischen Steppen reine «Frauenverbände» sind, bei denen der Hengst nur zur Roßzeit sein Recht geltend macht und zur Herde stößt, werden Wildpferdeherden stets von Hengsten zusammengehalten, angeführt, verteidigt und bei der Flucht gedeckt. Mit dem Gebiß treibt der Leithengst seine Herdenmitglieder zusammen. Um die Fohlen kümmert er sich nicht bis zum zweiten oder dritten Lebensjahr. Dann verjagt er die Junghengste, und die herangewachsenen Stuten werden von andern Hengsten entführt.

Hermann Ebhardt (28) hat uns viel Interessantes über die Verhaltensweisen seiner zeitweise über 75 Einzeltiere zählenden Islandpony-Herde vermittelt. Ausführlich beschreibt er den Hengstenkampf. Gefährlich bei diesem Anlaß soll der Griff des einen Hengstes mit seinen Kiefern um die Luftröhre des anderen Rivalen sein. Der Eingriff des Menschen in einer solchen Situation kann sich für den unterlegenen Hengst verhängnisvoll auswirken, indem dann der Siegerhengst blind darauf los beißt. Läuft der Kampf ungestört ab, so reagiert der Besiegte mit einer Demutsbezeugung, die zur Hauptsache in einem plötzlichen Erschlaffenlassen sämtlicher Muskeln besteht. Im weiteren führt Hermann Ebhardt folgende interessante Begebenheiten an:

Entfernte man den Leithengst von der Stutenherde, so brachen einige Zeit später erbitterte Kämpfe um den ersten Platz einer Leitstute und den Stuten ersten Ranges aus.

Ließ man nach Wochen den Hengst wiederum zur Herde, so setzte es tagelange, bedenkliche Keilereien, Jagereien und Beißereien zwischen ihm und der ersten Stute ab.

Jährige Hengste wurden vom Leithengst geduldet, obwohl sie bereits spielerisch Mutterstuten besprangen. Im Sommer trieb der Leithengst aber die Junghengste vom Stutenrudel ab. Diese bildeten einen Jünglingsverein, wie man solche auch bei gewissen Antilopenarten beobachten kann. Erst im Frühjahr, nachdem die Junghengste das dritte Lebensjahr zurückgelegt hatten, stellten sie sich dem Leithengst zum Kampf.

Entfernte man aus dem Gehege, das von Mutterstutenrudel, Fohlen, Junghengsten und vom Leithengst bestoßen war, den letzteren, so entbrannten während Wochen unter den Junghengsten die wildesten Schlachten. Erst wurde die Rangordnung hergestellt; zuletzt kämpfte die Rangordnung Nummer eins um den Posten des Leithengstes.

Wurden die Junghengste und der Leithengst aus dem Gelände genommen und ein fremder Hengst zu den Stuten eingesetzt, ging die Hölle los. Der Hengst mußte die meisten Stuten mit Gewalt unterwerfen.

Ein Leithengst konnte nur fünf bis acht Mutterstuten plus Nachzucht gegen die Angriffe eines Fremdhengstes schützen. War die Stutenherde größer, gelang es dem Fremdhengst, Mutterstuten zu entführen.

Wurde eine Hengstenherde (38) aufgestellt, so ergaben sich auch hierbei erbitterte Rangordnungskämpfe. –

Aus diesen ständigen sozialen Auseinandersetzungen im Wildleben der Vorfahren unserer Hauspferde lassen sich nun viele Keilereien, Beißereien und Schlägereien in der Hauspferdehaltung ableiten, die man auf der Weide, im Auslauf, am Wagen, im Laufstall, in der Kolonne, im Reitverband, im mehrspännigen Zuge, an Pferdemärkten, auf Stellungsplätzen, im Zirkusrund und an andern Orten stets beobachten kann. Nicht immer kommt es zu eigentlichen Kampfhandlungen; oft genügt eine Drohgebärde (Ohren anlegen, Zähne entblößen, Blicke, Kopfsenken, Umwenden usw.) des Überlegenen, um den Unterlegenen zur Ordnung zu bringen. In Zirkusunternehmen, deren Pferdebestände sich meistens aus Hengsten zusammensetzen, bedient man sich durchwegs eines speziellen Aufsatzzügels; dies nicht allein aus dem Grunde, weil dann die Pferde ihre Köpfe stets hoch zur Schau tragen müssen, sondern vielmehr, daß damit die Hengste gar nicht in eigentliche Angriffsstellungen gehen können.

In der Mensch/Pferd-Beziehung betrachtet das Pferd bis zu einem gewissen Grade den Betreuer als Leittier, was sich mit dem Kaspar-Hauser-Versuch mit Fohlen nachweisen läßt. Im Grunde genommen sind aggressive Handlungen des Pferdes gegenüber den Menschen meistens gewissermaßen als Rivalenkämpfe zu betrachten. Wie sehr aber das Hauspferd den Menschen als «Leithammel» betrachtet, ist schwer zu beurteilen. Zu ähnlichem Philosophieren verleitet die Situation, in der neben dem Pferd ein Rind den Pflug zieht.

Bernhard Grzimek (39) hat während des Krieges eine 29-köpfige Junghengstenherde und eine Gruppe von neun Stuten auf ihre soziale Rangordnung getestet. Wie erwartet, konnte er dabei eine Rangliste von Spitzentieren und Untergebenen ermitteln. Hierbei ist zu sagen, daß die soziale Rangordnung nicht immer identisch ist mit der Freßordnung, wo sich bei den Pferden der sogenannte Futterneid bemerkbar macht, der auch vom Hunger bedingt sein kann. Oft kann man beobachten, wie Pferde, die jahrelange Arbeitsgespanen sind, während der Fütterung mit ihrem Gebiß aufeinander losgehen. Die festgesetzten Fütterungszeiten des hausbar gemachten Einhufers entsprechen eben nicht der ganztägigen Futteraufnahme auf freier Wildbahn.

Bei der Ausrüstung von Expeditionen, bei denen eine größere Anzahl Einhufer hinzugezogen wird, ist es Usus, diese vorerst, damit sie sich gegenseitig kennen lernen, gemeinsam in einer Koppel unterzubringen. Dem Leittier, das somit erkannt wird, wird dann ein akustisches Zeichen, eine Glocke angehängt, dem die übrigen Tiere folgen. Ein solches Unternehmen wäre bei der Mobilisierung einer militärischen Pferdeeinheit wohl ein zeitraubendes Unterfangen, würde aber gewisse Vorteile ergeben. Aus Gründen der Vorsicht darf, wenigstens in unserer Armee, kein Pferd «von der Hand gelassen werden». Jedoch sollte das Gruppieren der Pferde nicht planlos erfolgen. Es ist für die Maßgebenden gewiß, um viele Beißereien, Schlägereien, ja Paniken zu verhüten, von großem Nutzen, beim Einstallen, Kolonnenbilden usw. hinsichtlich der Sozialpsychologie des Pferdes etwas Verstand walten zu lassen. Auch für den Fahrer kann es nicht gleichgültig sein, wie er beim mehrspännigen Zug die Tiere als Sattelpferde, als Handpferde, als Stangenpferde, Mittelpferde, Spitzenpferde usw. anspannt. Keineswegs allein dressurmäßige und physiologische Momente spielen beim Zusammenstellen der Pferde eine Rolle, auch sozialpsychologische Faktoren müssen in Betracht gezogen werden. Nicht alle Pferde mögen einander leiden. Auch im Zirkus laufen die Freiheitspferde niemals wild durcheinander. Vielfach sind sie dort sogar mit sichtbaren Nummern versehen.

Im Tierreich sind wohl die Giftschlangen mit den fürchterlichsten und wirksamsten Waffen, mit Giftzähnen, ausgerüstet, die sie für den Beutefang und für die Feindbekämpfung benötigen. Im Zürcher Zoo gelang es uns in den letzten Jahren, einige Dutzend lebendgebärende afrikanische Puffottern zu züchten. Dabei konnten wir feststellen, daß diese Giftwürmer schon 30 Minuten nach der Geburt ihre Waffen gebrauchten, indem sie von mir als Nahrung gereichte, getötete Futtermäuse nochmals «totbissen» und verschlangen. Bei Rivalenkämpfen jedoch hüten sich solche Schlangen, von ihren verhängnisvollen Giftzähnen Gebrauch zu machen. Nach einem arteigenen Zeremoniell versuchen die Kämpfenden einander die Köpfe zur Seite oder auf den Boden zu drücken, um dem Gegner den Verleider anzuhängen, bzw. ihn zum Rückzug zu zwingen.

Was für die Giftschlangen und andere mit auffallend wirksamen Waffen ausgestatteten Arten gilt, gilt auch für die Wildpferdehengste. Im Steppenleben der Pferde wird es kaum vorkommen, daß ein Hengst einen Nebenbuhler umbringt; dies würde der Arterhaltung wenig dienen. Jedoch im Hausstande, wo es für den Hengst normalerweise keine oder nur eine beschränkte Möglichkeit gibt, den Rivalen ins Pfefferland zu schicken, können sich beim Zusammengeraten zweier Hengste bedenkliche Tragödien abspielen. Nur mit zwei gleichaltrigen Junghengsten kann man einen Hengstenkampf demonstrieren. Jahrtausendalte Domestikation hat beim Pferdegeschlecht die instinktiven, sich in genauer Reihenfolge abspielenden Rituale nicht verdrängt. Ein solches «Turnier» läuft, wie dies Gerhard Gronefeld (40) im Arabergestüt Achenthal photographisch festhalten konnte, in folgenden Phasen ab:

1. Hengst eins wird zu Hengst zwei ins Kampfgelände geführt. Hengst zwei gibt einige «Äpfel» ab, was ebenfalls vom Hengst eins gemacht wird.

2. Einander umkreisend, durchmessen die beiden Rivalen die ganze Kampfarena und schlagen einander mit den Hinterbeinen.

3. Beide gehen aufgerichtet aufeinander los.

4. Nach kurzem Schlagwechsel mit den Vorderhufen gibt der Herausforderer, Hengst eins, auf. Hengst zwei erweist sich als der King. Hengst eins trabt mit gesenktem Schweif zu seinem «Apfelhaufen» zurück. Der Sieger, Hengst zwei, tut dasselbe, wobei er den Schweif hoch trägt.

Es wäre keineswegs ratsam, einen Junghengst etwa mit dem Deckhengst des Gestütes zum Zweikampf antreten zu lassen; eine solche Auseinandersetzung würde bis zur Vernichtung des einen der Kämpfenden führen, bei der ein menschliches Eingreifen kaum möglich wäre. Solche grausame Handlungen der Pferde kommen gelegentlich in Zoologischen Gärten, Gestüten, Hengstenstationen und bei weitgehender freier Haltung, z.B. in der Merfelder Wildbahn, in der Pferdeherden vollkommen frei auf großem Gelände gehalten werden, vor. Die beiden Rivalen bearbeiten einander aufgerichtet mit den Vorderhufen und Gebissen, bis der Unterlegene ermattet zu Boden sinkt. Aber nicht genug an dem, die Widersacher bringen einander verhängnisvolle Halsbißwunden bei, die infolge Schlagaderblutungen tödlichen Ausgang nehmen können. Ältere Literatur berichtet von Fällen, bei denen der Schwächere zu Boden getrampelt wurde und Bauchbisse erhielt, so daß die Eingeweide herausquollen. Bekannt ist das Gemälde von Rosa Bonheur, das einen Hengstenkampf zum Ausdruck bringen sollte, aber eher einer Darstellung zweier spielender Junghengste gleichkommt. Bedeutend naturgetreuer hat der Wiener Pferdemaler Ludwig Koch, der selbst echte Hengstenkämpfe beobachten konnte, eine solche Begebenheit in einem seiner letzten Werke verewigt.

Sexuelle Aggressivhandlungen

Beim Eselgeschlecht ist das stundenlange Treiben vor der eigentlichen Paarung arttypisch. Daraus läßt sich die Tatsache erklären, daß die Kreuzung Pferdehengst/Eselstute weitaus seltener ist als die umgekehrte Bastardisierung. Eselstuten wollen erkämpft sein, was oft Bisse und Schläge absetzt.

In der Mensch/Pferd-Beziehung bildet die sexuelle Erregung die Quelle vieler Widersetzlichkeiten. Am verhängnisvollsten wirkt sich dies aus, wenn geile Hengste auf die

Wahrnehmung brünstiger Stuten hin ausreißen und diese verfolgen. Aus der Literatur sind Fälle bekannt, wo Hengste auf berittene oder angespannte Stuten losstürmten und bei dieser Gelegenheit Reiter und Fahrer mit den Hufen schwer trafen.

Manche Hengste verbeißen sich beim Deckakt in die Mähnengegend der Stuten. Dieses Verhalten kennt man bei verschiedenen Tierarten, so bei katzenartigen und auch bei Echsen. Graf Warngel, dessen «Buch vom Pferde» noch immer in den meisten Beziehungen das Standardwerk auf hippologischem Gebiete ist, schreibt darüber: «Hengste, welche die üble Gewohnheit haben, sich fest in den Hals der Stute einzubeißen, können sehr unbequem werden. Solche grobe Kumpane mit einem Maulkorb zu versehen, oder der von ihnen zu deckenden Stute eine zusammengefaltete Decke auf den Hals zu legen, führt oft nur dazu, denselben den Beschälakt zu verleiden. Es bleibt daher mitunter nichts anderes übrig, als sie, wie auch Graf Lehndorff anrät, hinters Licht zu führen. Zu diesem Zweck läßt man das Halsstück eines Pferdefells von wenig auffallender Farbe möglichst geruchlos gerben, sodann inwendig polstern und unten mit Schnallen und Strippen versehen. Sollte dieses Fell dennoch nach dem Gerben riechen, muß dasselbe mit etwas Urin der Stute bestrichen werden. Wird das so präparierte Fell der Stute um den Hals und Widerrist geschnallt, so pflegt der Hengst, gerade so wie viele Herren der Schöpfung, das falsche Haar für echtes zu halten. Alten Hengsten aber, die sich ohne Einbeißen nicht auf der Stute halten können, gewährt man die unentbehrliche Unterstützung, indem man mehrere gepolsterte und mit Leder benähte Stricke um den Hals der Stute schlingt, an denen sich der Hengst mit den Zähnen festhalten kann.»

Dem gegenüber bewertet Prof. O. Antonius (41) den Paarungsbiß «sozusagen als eine phylogenetisch bedingte, heute zumindest völlig zwecklose, reine Symbolhandlung», eine Art «psychologisches Relikt».

b) Domestikationsbedingte Widersetzlichkeiten

Wenn ein verfolgtes, freilebendes Tier von seinen Feinden in die Enge getrieben oder eingeholt wird, so daß eine weitere Flucht unmöglich oder aussichtslos erscheint, wird sich dieses nicht einfach hinlegen, um sich zerfleischen zu lassen. In einer solchen Situation schlägt beim fliehenden Herdentier die furchtbetonte Flucht in kampfbetonte Notwehrhandlungen um; es verteidigt sich.

Der Hausstand bringt es nun mit sich, daß das angebundene oder sich in Zwangsapparaten befindende Pferd des öftern in solche psychische Bedrängnisse gerät, deren Reaktionen von raschwechselnden oder scheinbar gemischten, nicht immer leicht zu unterscheidenden Gefühlslagen geleitet sind, die mit eigentlicher Aggression nichts mehr zu tun haben, jedoch kampfbetont sind. So muß man bei Kampfhandlungen von Haustieren unterscheiden zwischen Aggressivverhaltensweisen und Abwehrgebaren.

Das Pferd muß sich im Hausstande an eine Unzahl vollkommen unbiologischer Maßnahmen gewöhnen. Es wird geputzt, gezäumt, geführt, gesattelt, beschirrt, angespannt, beschlagen, eingebrannt; es muß ziehen, Lasten tragen, springen; es wird geritten, vom Tierarzt mit unheimlichen Apparaten behandelt, auf Autos verladen und abgeführt, mit Flugzeugen von Kontinent zu Kontinent geflogen, in mehrstöckigen Ställen untergebracht; es wird über Felsschründe abgeseilt, bekommt eine Gasmaske verpaßt und vieles andere mehr. Nicht alle diese Ereignisse sind, selbst beim sorgfältig dressierten Gebrauchstier, dem Pferd immer und unter allen Umständen selbstverständlich, besonders demjenigen nicht, das sich bis zum gebrauchsreifen Alter weitgehender Freiheit erfreuen durfte, oder das durch unglückliche Vorkommnisse oder unzweckmäßige Erlebnisse verdorben wurde. Verteidigungs-, Protest-, Abwehrverhalten, Widersetzlichkeiten, oder wie wir die daraus resultierenden Handlungsweisen auch nennen wollen, treten zumeist in aktiver, weniger häufig auch in passiver Form auf.

Meistens wendet das Pferd zwei, drei oder gar mehrere Verhaltensweisen an, die demselben Zwecke dienen, nämlich der Abwehr gegen dieselbe Bedrohung. So hat Clemens Laar (42) das Pferd «Bayard» als «Ausbund charakterlicher Untugenden» wie folgt beschrieben: «Hinzu kam, daß es eine reine Qual war, ihn zu reiten. Bayard kroch entweder hinter den Zügel oder aber biß sich fest und ging dann Wege, die niemals jene des Reiters waren. Vorn imitierte er eine kurzstampfende Nähmaschine, mit der Hinterhand wühlte er schleppend wie ein Raddampfer im Staub. Seinen Rücken benutzte er ausschließlich zur Erzielung unwahrscheinlicher Wölbungen. Mit einem kurzen ruckartigen Anspannen dieses Rückens, nach einer vorhergegangenen plötzlichen Hergabe, entwurzelte er jeden normalen Reiter. In ernsteren Fällen benutzte er eine zur Blüte entwickelte Technik, mit einigen plötzlichen Stolperschritten, Einknicken vorne und gleichzeitigem Seitwärts-Treten den Sattel zu räumen.»

Allgemeine Widersetzlichkeiten

Gelegentlich wird ein Abwehrverhalten, etwa das Beißen oder Schlagen, vom Pferde nur andeutungsweise, als Drohgebärde ausgeführt, was besonders bei Tieren beobachtet werden kann, die sich beim Fressen nicht stören lassen wollen.

Beim Putzen, Zäumen, Beschirren und anderen Maßnahmen entpuppen sich viele Pferde als kopfscheu. Mit allen Mitteln (Schlagen, Beißen, Steigen usw.) wenden solche Tiere, denen nur mit Gewalt zu begegnen ist, den Kopf weg.

So ist mir ein Roß bekannt, das sich nur von einem bestimmten Betreuer und auch von dem nur mit einem Stück Zucker den Kummet anlegen läßt. Bei kummetscheuen Pferden ist es angezeigt, einen unten teilbaren, sogenannten Schloßkummet, oder ein Brustblattgeschirr zu verwenden.

Das Deckenzerreißen – für den Besitzer ein teurer Sport – und das Halfterabstreifen brauchen nicht immer reine Unterhaltung zu sein; diese beiden Unarten können auch abwehrbetont in Erscheinung treten. Ebenso dem Zurücktreten aus dem Stande kann protestbegründeter Charakter anhaften, besonders, wenn das betreffende Pferd auf zu stark nach hinten abfallendem Boden steht oder gestanden ist und sich so eine üble Gewohnheit zugelegt hat. Auch übelriechende Krippen oder Futterwände oder Schreckerlebnisse, z.B. wenn die Krippenwand von Ratten bewohnt ist, können Ursachen zu diesem Protestverhalten sein.

Besonders gefährliche Situationen ergeben sich mit Leitseilfängern. Das sind Pferde, die in Abneigung gegen die Leine diese mit dem Schweif bei jeder Gelegenheit zu erhaschen versuchen und so die normale Verbindung zwischen Tier und Fahrer in Unordnung bringen. Mittels des Kupierens der Schweife wird dieser Unart entgegengesteuert. Allerdings kann ein Pferd mit einem Stummelschwanz kein Ungeziefer mehr abwehren. Kategorisches Kupieren der Pferde ist als eine Modetorheit zu taxieren und ist in unserem Land seit dem Jahre 1921 als Tierquälerei unter Strafe gestellt. Andere Pferde wiederum scheuen den Schwanzriemen. Diese Unart kann mit der Verwendung des ohnehin zweckmäßigeren Hinterblattgeschirres ausgeschaltet werden.

Unter Fluchtversuchen an Ort sind beim angebundenen Pferd das stete Herumwerfen der Nachhand und das Rückwärtstreten oder Rückwärtskriechen und beim geführten, berittenen und bespannten Pferd das Umwenden, Sich-im-Kreisedrehen und Rückwärtsgehen zu verstehen.

Das Drängen an die Wand, an die Mauer, an die Deichsel, an den Baum, vom Weg usw. dient dem Pferde ebenfalls, um der von ihm verlangten Leistung zu entgehen. Praktiker verwenden bei solchen Tieren, beispielsweise beim Putzen, den sogenannten Wandlöffel, bestehend aus einem Stab, dem vorne ein Dorn eingelassen ist.

Öfters widersetzen sich Reit- und Tragpferde gegen das Gurten, indem sie sich aufblähen. Am meisten neigen Reitpferde, die arg hergenommen werden, z.B. Polopferde oder Kosakenpferde in Zirkusunternehmen, zu dieser Art Verweigerung. Bei Saumpferden ergeben sich aus dieser Unart oft bedenkliche Druckschäden; daher ist es angebracht, nach kurzem Anlauf einen Revisionshalt zu machen und im gegebenen Falle nachzugurten. Andere sogenannte gurten- oder sattelzwängige Pferde lehnen sich mit allgemeinen aktiven Verweigerungshandlungen gegen das Satteln, Gurten und Gerittenwerden auf, demzufolge schon mancher Reiter, meistens infolge Niederwerfens, das Leben lassen mußte.

Unter Simulieren der Pferde – ein interessantes, keineswegs befriedigend abgeklärtes Verhalten – verstehen wir das «Tun als ob» beim deckunlustigen Hengst und das Vortäuschen einer Lahmheit, um einer Leistung entgehen zu können. Lahmheiten an den Gliedern der Pferde können zeitweilig wieder verschwinden, um dann wieder aufzutreten, und es ist für den Veterinär oft schwierig, eine Lahmheit zu lokalisieren und deren Ursache festzustellen.

Ein Pferd lahmt, wenn es Schmerz verspürt, um diesem zu entgehen oder um ihn auf ein Mindestmaß herab zu setzen. Das Tier schont sich. Das Pferd, das z.B. an einem akuten Hufleiden krankte und nun wieder völlig heil ist, kann gewiß auch in bloßer Erinnerung an Schmerzen lahm gehen; es kann das Schonen beim Vortraben vor einer peitschenbewehrten Respektsperson vergessen, um es bei nächster

Gelegenheit wieder zu äußern. Das hat mit Täuschung freilich nichts zu tun.

Prof. E. Frauchiger (43) berichtet von Simulation in einem Kriegshundelager, wo nach der Staupe weiterhin Schwächen und Lähmungen von Hunden vorgetäuscht wurden, als man diese wiederum zur Arbeit verwenden wollte. Wähnten sich die betreffenden Tiere jedoch von Menschen unbeachtet, so spielten sie mit Knochen oder liefen mit den Boxennachbaren um die Wette.

Im weiteren stellt sich die Frage, ob ein Pferd das untätige Stehenbleiben im Stall der Bewegung im Freien vorzieht. Einerseits sagt Dr. Stefan von Màday mit aller Deutlichkeit: «Die Lust an aktiven Bewegungen und der Widerstand gegen die unlustbetonten passiven Bewegungen scheint eine charakteristische Eigenschaft alles Beweglichen – sämtlicher Tiere und vielleicht sogar der Pflanzen – zu sein.» Anderseits zeigt derselbe Pferdefachmann durch seinen Orientierungsversuch mit seiner Halbblutstute «Fatima», wie sehr das Pferd zum Sklaven der Gewohnheit werden kann: «Ließ ich ihr die Zügel gleich am Anfange des Ausrittes, 10 oder 20 m vom Kasernentor entfernt, so kehrte sie schon um und suchte wieder in ihren Stall zu gelangen. Dies zeigt, daß in unseren Reitpferden, die täglich durch 22 Stunden im Stalle stehen, die Sehnsucht nach diesem gewohnten engen Raume stärker ist als der Wunsch nach Bewegung.»

So halte ich es gar nicht für so abwegig, daß ein Pferd, das sehr strapaziöse Leistungen vollbringen muß, diese erfahrungsbedingt durch Vortäuschen einer Lahmheit zu umgehen versuchen kann, da wir ja bei Einhufern Verhaltensweisen beobachten können, bei denen noch kompliziertere Assoziationen notwendig sind. Ein solches Simulationsverhalten erzählte mir ein Tierarzt, der dies bei einem Pferd beobachten konnte, das einer berittenen Musik angehörte und die Pauken zu tragen hatte.

Ob das Stolpern nur als physiologische Auswirkung (Schwächen, mangelhafter Beschlag) in Erscheinung tritt, oder ob diese Handlungsweise von Reitpferden auch erfahrungsbedingt angewandt werden kann, ist fraglich. Das von Oberst Spohr benannte fingierte Scheuen stellte bereits Dr. Stefan von Màday (12) in Abrede.

In vielen Fällen sucht das Pferd im Durchgehen das Heil. Ein Reitpferd, das an bestimmte Hilfen gewohnt ist, kann dadurch völlig unbrauchbar werden, wenn sich ein ungeschickter Reiter seiner bemächtigt und es mit anderen Hilfen versieht. Die Fassungslosigkeit des Tieres kann sich dermaßen steigern, daß es überhaupt keinen Befehl mehr annimmt, auf nichts mehr reagiert und schließlich aus bloßer Verwirrtheit durchzugehen versucht. Solche Pferde befinden sich in regelrechten Konfliktlagen.

Kann der Fluchtversuch, der sich meistens aus verschiedenen Abwehrhandlungen zusammensetzt, nicht abgestoppt werden, ergibt sich daraus eine erfolgreiche, angstbetonte Flucht. In früheren Zeiten waren für den Personenverkehr Wagen im Gebrauch, an denen Vorrichtungen angebracht waren, die dem Fahrer ermöglichten, durch eine einfache Manipulation den Wagen zu bremsen und die nicht zu haltenden Pferde vom Wagen loszulösen und flüchten zu lassen.

Bei den Springpferden kennt man ein spezielles Durchgehen; es handelt sich um das sogenannte Ausbrechen, ein Flüchten links oder rechts an den zu nehmenden Hindernissen vorbei. Als besondere Begleiterscheinung des Flüchtens ist das Zaunspringen anzusehen, das von vielen Arten auch spontan ausgeführt wird. Speziell gehaltene Ziegen sind bekannt für ihre Ausbruchstendenz, indem sie einfach über den Zaun setzen. Gelegentlich kommt das Zaunspringen auch bei Hauspferden vor. Der Sprung ist wie der Schritt, Trab und Galopp eine natürliche Fortbewegungsart. Verschiedene Gründe mögen das Pferd veranlassen, über die

Einfriedung zu springen: Die Mutterstute will zum abgetrennten Fohlen und der geile Hengst zur brünstigen Stute gelangen. Langjährige, abgesonderte Arbeitsgespanen suchen Geselligkeit, die Vollblutstute flieht vor Ungeziefer oder anderen Bedrohungen usw. Anläßlich Hagenbecks Persien-Tierfang-Expedition im Jahre 1954, die unter der Leitung von Arnulf Johannes stand, nahm ein Onagerhengst vom Stand aus über den mehr als 2 m hohen Zaun Reißaus. Das berühmte Springpferd «Bunko», das in vielen Ländern Trophäen holte, wurde entdeckt, als es ohne vorherige Schulung über die hohe Umzäunung seines Freigeheges sprang, weil es vom Wärter lange Zeit nicht zur Fütterung abgeholt wurde.

Schreckerlebnisse können sich beim Hauspferde, wie in der Literatur verschiedentlich angeführt, zu beeinträchtigter Leistung oder gänzlicher Unbrauchbarkeit der Tiere auswirken. Einen solchen Fall erzählt uns Prof. Ernst Frauchiger (43): «Vor Jahren ist es in einer Schweizer Stadt zu einer Kollision zwischen einem zweispännigen Pferdefuhrwerk und der Straßenbahn gekommen. Dabei sind die Pferde nur unwesentlich verletzt worden. Vom Moment an wurden die Pferde aber beim Geräusch oder beim Herannahen der Straßenbahn immer scheu und versuchten durchzubrennen, so daß sie für den Stadtdienst, für den sie vorher jahrelang gebraucht worden waren, untauglich wurden. Der Besitzer stellte wegen des durch Unfall hervorgerufenen abnormen psychischen Verhaltens seiner Pferde Entschädigungsansprüche, und die Straßenbahn mußte zahlen.»

Die alten Griechen machten für die verheerenden Massenausbrüche der Pferde-, Schaf- und Rinderherden einen besonderen Gott, den Hirtengott Pan, verantwortlich. Bildlich stellten sie ihn flötenpfeifend, halb bock-, halb menschenähnlich dar. Von diesem Gott, der angeblich Menschen und Tieren unheimlichen Schrecken einjagte, wurde der Name

Panik übernommen, mit dem wir plötzlich auftretende Massenfluchtstimmungen bezeichnen. Immer wieder kann man in der Presse von solchen Massenschrecken vernehmen.

Größere Pferdepaniken ereigneten sich um die Jahrhundertwende. Dr. Adolf Koelsch (44) berichtet darüber: «Im Biwak des Generals French, in der Nähe von Southampton, mußte ein Pferd erschossen werden, das verunglückt war und sich ein Bein gebrochen hatte. Die Tötung erfolgte nachts. Durch den Knall wurden die in der Nähe auf Koppel gestellten Pferde so erschreckt, daß sie sich losrissen und davonstürmten. Ihrem Beispiel folgten alle, an denen sie vorübergaloppierten, und in weniger als einer Minute war es soweit, daß sich der gesamte Pferdebestand des Lagers – 700 an der Zahl – schwadronenweise in wilder Flucht auf Southampton befand. In tollem Laufe dahingaloppierend, über alle Hindernisse hinweg, rannte ein Teil bis in die Stadt hinein; ein anderer Teil geriet ins Wasser und kam um. Das Endergebnis war, daß zwei Drittel aller Pferde schwer verletzt in tierärztliche Behandlung gegeben werden mußten. Zwölf wurden, da eine Wiederherstellung aussichtslos war, auf dem Platze erschossen.

Eine andere Pferdepanik ereignete sich bei Athy, gleichfalls im Militärlager. Dort gingen in einer Nacht, ohne daß ein Anlaß bekannt geworden wäre, plötzlich 600 Kavalleriepferde durch und brachten das ganze Biwak in größte Verwirrung. Auch hierbei stürzten viele zu Tode.

An einem dritten Massenausbruch von Militärpferden, der sich 1871 in St. Petersburg ereignete, nahmen 900 Pferde teil. Zufällig jedoch begegneten sie auf ihrer Flucht einem heimreitenden Kavalleriepikett, dessen Kommandant die Geistesgegenwart besaß, zum Appell blasen zu lassen, worauf ungefähr die Hälfte der Pferde allmählich anhielt, kehrt machte und sich willig heimführen ließ, während der Rest davonstürmte. Die meisten fingen sich schließlich auf einem umzäunten Platz, der einseitig offen war, während andere an die 120 Meilen gelaufen sein sollen.»

Die letzten bedeutenden Pferdepaniken in unserem Lande ereigneten sich im Mai 1956 in der Kavallerie-RS in Aarau und im November 1960 bei der Schwadron 20 in Sommeri. In der Kaserne Aarau (45) rissen sich bei der Morgentränke plötzlich aus unbekannten Gründen 40 Remonten los, setzten zum Teil über die Brunnentröge hinweg und stürmten zum Kasernenareal hinaus. 25 Dragoner wurden verletzt. Die Remonten konnten in den umliegenden Ortschaften wieder eingefangen werden. In Aarau konnte die Ursache des Scheuens nicht ermittelt werden, jedoch in Sommeri trug ein Motorradfahrer die Schuld. Von den ungefähr 80 beteiligten Pferden ergriffen die meisten panikartig die Flucht. In vier verschiedenen Gruppen und Richtungen stürmten die Pferde davon. Einige Tiere mußten infolge der schweren Verletzungen notgeschlachtet und fünf Soldaten mußten ins Krankenhaus überführt werden.

Aus ausführlichen Berichten über Tierpaniken geht hervor, daß das Massenausbrechen immer stufenweise vor sich geht und daß nie alle Beteiligten wie auf ein gegebenes Zeichen hin die Flucht ergreifen. Der Anstoß zu einer Panik ist dann gegeben, wenn ein einzelnes oder mehrere Tiere, die einer Gruppe angehören, infolge einer Bedrohung in Erregung geraten. Die Möglichkeit solcher Bedrohungen ist sehr groß. Individuell sind aber auch hier große Verschiedenheiten vorhanden; temperamentvolle Vollblutpferde scheuen leichter als Angehörige kalter Schläge, Hengste im allgemeinen eher als Stuten. Doch haben diese Unterscheidungen nur sehr bedingte Geltung. So lächerlich es anmutet, theoretisch ist es möglich, daß eine einzige fünf Gramm schwere Bremse Hunderte von Pferden in die Flucht schlagen kann.

So mannigfach wie die Ursachen, die das Durchgehen einzelner Tiere veranlassen können, sind auch die Flüchtigkeitsgrade. Man kann nicht von jedem scheugewordenen Pferde sagen, daß es von einer Panik ergriffen sei; doch umgekehrt steht fest, daß jede Flucht in eine Panik ausarten kann. Das blinde Rennen gegen ein tödliches Hindernis, das Hauptmerkmal einer Panik, kann die Masse, aber auch nur ein Einzeltier befallen. Es ist für eine Gruppe von Pferden, die mit allen Zeichen des Schreckens davonstürmen, gleichgültig, was das Scheuen und Flüchten eines Einzeltieres veranlaßte; die Wahrnehmung eines einzigen dahinjagenden Tieres genügt schon, um die Fluchtbewegung der nächststehenden Einzeltiere und zuletzt das Ausbrechen aller nach sich zu ziehen. Die Panik ist eine von den wildlebenden Vorfahren übernommene Erbschaft, die instinktiv abläuft, bei den Steppentieren im Dienste der Selbst- und Arterhaltung steht und bei den Haustieren sich verhängnisvoll auswirken kann.

Das fatalste Abwehrverhalten des Pferdes ist neben dem Durchgehen wohl der Hufschlag, den es vortrefflich gegen seinen Bedränger, gegen den Menschen anzuwenden versteht. Auch die Einrichtungen der Menschen, mit denen sich Pferde abfinden müssen, werden mit Schlägen bedacht. Zum Beispiel die Standwände, in die sich Pferde eingeengt fühlen. Das sonst mehrheitlich spielerisch geübte Standschlagen kann ebenfalls als Antwort auf Neckereien von Nachbarpferden gelten. Zuweilen kann man beobachten, wie Pferde das Standschlagen nur in Mondscheinnächten ausführen. Wahrscheinlich flößt ihnen irgend ein Gegenstand oder der Schatten eines Gegenstandes Furcht ein, und die Tiere beabsichtigen, mittels Schlagen eine Gefahr abzuhalten.

Eine solche Begebenheit erzählt Hermann Ruhe (46): «Bei einer der Fahrten standen einige Tiertransportkisten nebeneinander auf dem Vordeck... Eines der Zebras hatte eine merkwürdige Angewohnheit, über die sich die Transportbegleiter mitsamt der Mannschaft den Kopf zerbrachen. Nachmittags, etwa gegen halb fünf Uhr, begann das Tier urplötzlich zu schlagen und donnerte mit den Hufen so lange gegen die Rückplanken seiner Kiste, bis sie gesplittert waren. Die Schieber wurden ausgewechselt; der hintere kam nach vorn, der vordere nach hinten. Am nächsten Tag, etwa um dieselbe Zeit, donnerte das Zebra erneut los und gab nicht eher Ruhe, bis die Rückwand abermals kaputt war. Nun war kein auswechselbarer Schieber mehr vorhanden, und einer der Männer verschloß die Kiste provisorisch mit ein paar zusätzlichen Brettern. Am dritten Tag zur Teezeit, nachmittags gegen halb fünf, dröhnte auf dem Vorderdeck erneut das bum-bum-bum des schlagenden Zebras. Die Sache begann mysteriös zu werden. Warum schlug das Zebra weder vormittags, noch mittags, noch zu späterer Tageszeit gegen Abend? Warum immer zwischen vier und fünf Uhr? Die Transportbegleiter setzten sich am folgenden Tag auf die Lauer, um herauszubekommen, was da los sein könnte. Nichts geschah – bis etwa halb fünf Uhr. In diesem Moment begann der Schatten eines von der Abdeckplane herunterbaumelnden Strickes auf das Hinterteil des Zebras zu fallen. Das Tier wandte böse den Kopf, schaute rückwärts auf den schwarzen Schatten, der auf seiner Rückfront herumtanzte und begann zu schlagen! Ein Matrose nahm sein Taschenmesser, schnitt das baumelnde Stückchen des Strickes ab, und das Zebra war sofort ruhig und zufrieden!»

Als weitere gefährliche Widersetzlichkeiten sind das Beißen und das Hauen mit den vordern Gliedmaßen zu beurteilen. Das letztere wird vornehmlich von den Hengsten ausgeführt. Mit dem Vorhalten von heißen Rüben oder Fleisch soll man bissigen Pferden dieses Übel abgewöhnt haben.

Viele Pferde, besonders wenn sie am Hafer stehen, verhalten sich gegen Nachbarpferde und Menschen unleidlich. Sie vertragen in ihrem Heißhunger keine Störung und drohen dem Menschen, der kaum den Stall betreten hat, mit Lufthieben und den Nachbartieren mit fingiertem Beißen.

In solchen Situationen kann man das Futterausstreuen beobachten, das dann eine konfliktmäßige Betonung hat. Der Pferdehalter bezeichnet solche Problematiker mit «futterneidisch». Im Fohlenlaufstall kann man bei der Haferfütterung stets solche Rivalitäten beobachten. Da gibt es Tiere, die immer als erste an den Krippen stehen und ihre Plätze behaupten und andere, die mit Schlägen und Bissen weggetrieben werden.

Umstritten ist die Frage des sogenannten Putzneides. Es soll Pferde geben, die nach dem Wärter beißen, wenn dieser zuerst das Nachbarpferd putzt. Solche Beißbewegungen können gewiß auch abwehrbetont sein, besonders bei Pferden, die geneckt wurden oder denen das dem Ausbürsten vorangehende Striegeln nicht gerade lusterfüllt vorkommt.

Namentlich Pferde, die sich im Schlachtgetümmel befanden, äußern selbst im Traume Abwehrgebaren (47). Im Zustand des Schlafes spitzen solche Tiere die Ohren, werfen sich vor, schlagen und hauen, beißen um sich, erwachen in Schweiß gebadet und zittern an allen Gliedern. Auch beim Artilleriepferd «Memmo» vom Römer Zoologischen Garten machten sich im Schlafe solche Handlungsweisen bemerkbar (48): «Es hat verschiedene Narben von Granatsplittern und war etwas nervös schreckhaft, sonst aber gut. Die Nervosität verlor sich auch bei Memmo schnell, als ich die Scheuklappen, die er bei meiner Rückkehr trug, beseitigt hatte. Das Tier sah nun alles und wurde ruhig. Merkwürdig ist sein lebhaftes Träumen. Im Schlafe wiehert er oft und haut gegen die Stallwände. Es sind wohl Folgen der Kriegsjahre, die auch an einem Pferde nicht spurlos vorübergehen.»

Ein von widersetzlichen Pferden vielfach geübtes Gebaren, um einer Arbeit zu entgehen, ist das Steigen oder Aufbäumen. Berühmt sind die Pferde von Marly, die eingangs der Champs-Elysées in Paris stehen. Es sind Darstellungen, die an der Hand geführte, steigende Pferde zeigen.

Besonders gefürchtet sind Pferde, die sich, um den Einwirkungen des Reiters zu entgehen, einfach niederlegen. Ebenfalls gegen das Gerittenwerden behilft sich das unleidige Pferd mit dem Bocken, einem Verhalten, bei dem das Tier einen Buckel macht und gleichzeitig oder abwechslungsweise mit der Vor- und Nachhand emporspringt. Das bereits erwähnte Steigen, d.h. das Aufrichten auf die Hinterglieder, dem allzuoft das Überschlagen folgt, dient demselben Zwecke, nämlich den Reiter abzuwerfen. Das gefährliche Überschlagen des berittenen Pferdes, als Folge des Steigens, ist nicht als eine natürliche Abwehrreaktion zu bewerten, sondern mit einem Unfall zu vergleichen, da das Gleichgewicht des Tieres ja dabei aufgegeben wird.

Eine Reihe von aktiven Abwehrhandlungen sind auf den Beschlagsbrücken zu beobachten. Dr. H. Schwyter (49), ehemaliger Oberpferdarzt der Armee, empfiehlt folgende Maßnahmen für ängstliche, ungewohnte oder widersetzliche Pferde, die beim Beschlagen Schwierigkeiten bereiten: Güte und Geduld – Verwendung einer starken Schmiedehalfter – Zureden, Tätscheln und Streicheln – Verabreichen von Leckerbissen – Beigesellung eines zweiten Tieres und eventuell des ständigen, gewohnten Betreuers – bei bissigen Pferden die Anwendung des Maulkorbes – beim Hauen mit den vordern Gliedmaßen tief, beim Ausschlagen hoch anbinden.

Als Straf- und Zwangsmittel in absoluten Dringlichkeitsfällen beschreibt der genannte Autor die Anwendung von sechs Hilfsmitteln: das Nasenband, den Kappzaun, die Nasenbremse, das Spannseil, das Hebeseil und das Strafseil.

Ein gutes Mittel, um widerspenstige Pferde beschlagsfromm zu machen, ist vorherige ausdauernde Arbeitsleistung, so daß die Tiere müde zum Beschlagen geführt werden. Im übrigen hat betreffend der Schmiedescheuheit ein Kommandant einer Traineinheit den Vogel abgeschossen.

Dieser ungenannt sein wollende Tierpsychologe ließ widerspenstige Pferde mit großem Erfolg unter Mundharmonikabegleitung beschlagen und vermittelte folgenden Bericht (50): «Andächtig, mäuschenstill und ohne mit den Wimpern zu zucken, geschweige denn mit den Beinen, ließ sich nun das Pferd an allen Vieren anstandslos beschlagen.»

Gegen ausgesprochene Widersetzlichkeit der Pferde ist wenig oder gar nichts zu machen; Strafe vergrößert das Übel nur, und es ist besser, chronische Schläger oder Beißer, die die ganze Umgebung gefährden, abzutun. In früheren Jahrhunderten gab es einen gutbezahlten Spezialberuf, nämlich den der Pferdebändiger, die die Aufgabe hatten, verdorbene Pferde wieder zur Vernunft zu bringen. Ein Spezialtrick dieser berühmten Künstler war die Vergewaltigung der Intriganten, wie dies heute noch vielfach aus rationellen Gründen amerikanische und australische Farmer mit Pferden von halbverwilderten Herden vornehmen, oder wie im Zirkus die Lipizzaner das Abliegen lernen müssen. Mit besonderen Vorrichtungen aus Seilen und Lederzeug werden widerspenstige Pferde wiederholt zu Boden geworfen, im benommenen Zustand liegen gelassen und ihnen so die überlegene Kraft des seltsam aufrecht gehenden Wesens beigebracht. Ebenso galten Anno dazumal die Pilaren als Fundament aller Pferdedressur und Redressur (Korrektur verdorbener Pferde). Der Praktiker hierzulande wendet vielfach als Strafmaßnahme und wirksames Mittel, um übermütige oder widersetzliche Pferde gefügig zu machen und zur Ordnung zu bringen, den Rückwärtsgang auf losem Untergrund, etwa im Ackerland oder in Sandböden, an.

Passives Verweigerungsverhalten der Hauspferde äußert sich ganz einfach im Nichtmehrweiterwollen, im Stehenbleiben. Der Fachausdruck für diesen psychischen Zustand, der der Lust des Fortbewegens oder der Arbeitsleistung entgegenwirkt, lautet Stetigkeit, Stätigkeit oder Störrigkeit.

Besonders die Angehörigen des Eselgeschlechts huldigen dieser Unart, und die Redensart «Einen im Stiche lassen» hat hierin seinen Ursprung. Vielfach ist die Stetigkeit der Vorläufer von aktiven Protestverhaltensweisen. Man unterscheidet zwischen relativer und absoluter Zugstetigkeit. Das erstere Verhalten tritt nur bei gewissen Begebenheiten auf, etwa bei unzweckmäßiger Zäumung, Beschirrung und Bespannung, bei Überforderung, bei roher Behandlung usw., währenddem von einer absoluten Stetigkeit dann die Rede ist, wenn eine allgemein gestörte Seelentätigkeit vorliegt.

Einen speziellen Typus der passiven Verweigerung, nämlich das passive Scheuen der Pferde vor unheimlich erscheinenden Begebenheiten, hat Prof. Grzimek (30) untersucht. Er ließ in 782 Versuchen 317 verschiedene Pferde an oder durch «unheimliche Tore» führen. Entgegen den überlieferten Ansichten der Kenner konnte er dabei folgende verblüffende Feststellungen machen: Wenn hinter den furchteinflößenden Toren ein lebendes Pferd aufgestellt war, weigerten sich die Pferde kaum weniger, diese Tore zu durchschreiten als bei gleichen Toren ohne Pferde. Im Geschlecht zeigte sich kein Unterschied. Es weigerten sich zunächst, die Tore zu durchschreiten: 63,1% der Wallachen und 62,4% der Stuten. Jüngere Pferde scheuten weniger als alte. Von Pferden im Alter von bis zehn Jahren weigerten sich 55,7%, von Pferden mit elf und mehr Jahren 74,1%. Kaltblütige Pferde scheuten nicht weniger als warmblütige, sondern bei Berücksichtigung des Alters der Versuchspferde eher etwas mehr. Es scheuten 62,2% der Warmblüter, und zwar im Durchschnitt 100,5 Sekunden und Kaltblüter im Durchschnitt 112,4 Sekunden.

Passive Verweigerungshandlungen sind öfters beim Pferdeverlad auf den Bahnrampen festzustellen. Bei jeder militärischen Pferdeeinheit gibt es Tiere, die einfach nicht in den Bahnwagen zu bringen sind. Solche Verweigerer werden rückwärts und mit Gewalt in den Bahnwagen geschoben. Ein typisches Beispiel erfahrungsbedingter Verweigerung erlebte ich im Militärdienst. Ein Offizierspferd schlug beim In-den-Stall-führen oben am Türgericht den Kopf an. Das Pferd verweigerte den Stalleintritt erst in passiver, dann aber auch in aktiver Art und mußte jeweils noch Tage danach, nachdem es in einen anderen Stall mit höheren Türen untergebracht wurde, mit Hilfe einiger Kameraden in den Stall geschoben werden. Und ein anderes mir bekanntes Pferd stutzte vor jedem Stalleintritt einige Augenblicke und stürzte dann mit einem Sprung über die Schwelle in den Stall hinein.

Als typische passive Widersetzlichkeit ist auch das sogenannte Refüsieren der Springpferde zu beurteilen, ein Verhalten, bei dem das Pferd vor dem zu nehmenden Hindernis stehen bleibt. Passives Scheuverhalten kommt ferner bei Zugpferden recht häufig vor; es äußert sich in Stehenbleiben, Nichtanziehenwollen, Verweigern der Zugleistung beim beladenen Wagen, bei der Bergauf- oder Bergabfahrt usw. Die Ursachen hierzu sind direkte extreme Schreckerlebnisse oder Bedrohungen, die aus ungenügender Dressur und Gewöhnung oder unzweckmäßiger Erfahrung (übertriebene Zumutungen, erlebte Schreckereignisse) resultieren. Die Anwendung von Strafe bei passiven Widerständen verschlimmert meistens den Übelstand. Das Pferd fürchtet sich bei Wiederholung nicht nur vor der primären Bedrohung, sondern auch die Strafmaßnahme wird dann Gegenstand des Schreckens.

Aufschlußreich ist das Verhalten eines Römer Zoo-Arbeitspferdes (48): «Nina war nicht mehr jung an Jahren, aber sonst ein großes, kräftiges Tier, das nur die sogenannten Knie schon bedenklich nach der Heimat durchdrückte. Sie war Droschkenpferd gewesen und recht schreckhaft, als wir sie bekamen. Ich ließ zunächst sofort die Scheuleder, diese unselige Erfindung der Sattlermeister, abschneiden, und von nun an ging alles gut. Mit den Scheuklappen war auch das Scheuen verschwunden. Nina war jetzt wirklich lammfromm. Nur eine Peitsche duldete sie nicht. Wurde sie damit berührt, so ging sie nicht mehr von der Stelle, sondern schlug Deichsel und Wagen entzwei. Und Nina hatte recht, denn sie tat ihre Pflicht bis zur Ermüdung, verdiente also die Peitsche wirklich nicht und hat wahrscheinlich in jüngeren Jahren nur zuviel unter ihr leiden müssen. Vor Steigungen machte Nina erst regelmäßig zum Verschnaufen Halt und zog dann von selbst wieder an. An einer Stelle des Gartens gabelt sich der Weg in zwei stark ansteigende Äste, die beide auf denselben, ganz flachen Weg münden, auf dem Ninas Weg stets nach links hinunter führte. Nun war aber der rechts hinaufführende Weg etwas weniger steil, und nach kurzer Zeit wählte Nina von selbst diesen, obwohl es einen kleinen Umweg bedeutete. Versuchte der Kutscher, sie auf den links abzweigenden kürzeren aber steileren Weg zu bringen, dann blieb Nina stehen, hob den Kopf hoch und warf ihn zurück, wenn der Kutscher die Leine faßte, rührte sich aber nicht von der Stelle.»

Ein erfahrener Karrer kurierte chronische Zugverweigerer, indem er in entgegengesetzter Richtung des sich widersetzenden Pferdes ein zweites Zugpferd Strangen an Strangen koppelte und so den Intriganten zum Rückwärtsgehen veranlaßte. Das Rückwärtsgehen läßt sich kein Pferd, auch kein stetiges, auf die Dauer gefallen. Das zugscheue Pferd wird mit dieser Methode zum «Kämpfen» veranlaßt; es lernt so wieder ziehen. Im Umgang mit Wildtieren in Zoologischen Gärten führt vielfach eine geänderte Situation zum Ziel. So kam auch ein findiger Fuhrmann auf den Gedanken, bei einem zugscheuen Pferde, das um alles in der Welt nicht mehr weiter wollte, eine Pause einzuschalten, alle Hufe zu kontrollieren und mit einem Stein auf die Eisen zu schlagen. Siehe da, das Pferd zog wieder an.

Ein Teil der an die Dragoner abgegebenen Remonten kommt jeweils wieder in die Remontenanstalt zurück und zwar meistens wegen erworbener Stetigkeit. In diesem Zusammenhang ist eine nette Anekdote über General Wille erwähnenswert (52):«Ein Dragoner, der mit seinem ‹Eidgenossen› unzufrieden war und um Ersatz bat, schrieb an den damaligen Waffenchef der Kavallerie, Oberst Wille, einen langen Brief mit dem Nachsatz: ‹Das Pferd steht halt oft still und schüttelt den Kopf.› Wille quittierte das Gesuch mit der knappen Randbemerkung ‹Ich auch!›»

Heute gelangen im Vergleich mit früheren Jahrzehnten verhältnismäßig häufiger Pferde zur Redressur. Im Zeitalter höchster Rentabilität hat der Pferdebesitzer, vorab der Bauer, keine Lust und keine Zeit mehr, schwierige Pferdecharaktere zu korrigieren, obwohl dies ein interessantes Hobby wäre. Aus der guten alten Zeit meint die Gräfin Montgelas (34): «Bequem sind sie ja, die sogenannten ‹frommen Kühe› unter den Pferden, für die man bei Verkäufen, selbst an den größten Angstmeier und Vorsichtskommissarius, jede gewünschte Garantie für Gegenwart, Zukunft und alle Ewigkeit leisten kann, aber dafür sind sie auch hochgradig uninteressant. Keines von ihnen hat sich meine wirkliche ‹Liebe› erringen können.»

Die Gräfin Montgelas war eine der ersten Damen, die in Deutschland im Herrensattel ritt.

Ein mit Garantie «für recht» verkauftes Pferd entspricht dieser Garantie nicht, wenn es den Dienst am Wagen verweigert, und kann vom Käufer zurückgegeben werden. Die Stadt Zürich unterhielt während einiger Jahrhunderte ein besonderes Stallgericht, das sich besonders mit solchen Streitigkeiten im Pferdehandel zu befassen hatte.

Der Kuriosität halber sei noch eine interessante Gewohnheit des Chapmann-Zebrahengstes «Rex» vom Zürcher Zoo erwähnt. «Rex» war vor Jahren jeweils nachts in einer Einzelboxe untergebracht, über der sich ein Fenster befindet. Während sich die übrigen Zebras in den Nachbarboxen dem Abendfutter widmeten, stand «Rex» mit gehobenem Kopf wie ein Sägebock zum Fenster gewandt und verweigerte die Futteraufnahme. Was war geschehen? «Rex» ließ sich vom Vollmond faszinieren.

Gewohnheitsbedingte Widersetzlichkeiten

Auf Absonderung vom Gewohnten (Milieuwechsel, Isolierung von gewohnten Menschen, Artgenossen u.a.) reagieren Pferde oft mit den verschiedensten Arten der Verweigerung. Sie kleben oder sie drängen zum Stall, zur Weide, zu Artgenossen, zum gewohnten Wege usw. Besonders bei Panikstimmungen, d. h. beim Abwehrverhalten einer ganzen Pferdegruppe – ich denke vor allem an einen Stallbrand – machen sich diese Eigenheiten verheerend bemerkbar. Weil die Pferde in einer solchen Angstsituation an ihrem gewohnten Heim kleben und sich nicht von ihren Artgenossen trennen lassen wollen, ist die Rettung meist eine Unmöglichkeit. Brände von größeren Pferdekantonnementen mit bedenklichen Folgen kommen immer wieder vor.

Im Zirkus müssen gegen den Stalldrang besondere Vorkehrungen getroffen werden. Wenn Freiheitspferde an der Arbeit sind, wird der Manègeausgang am Sattelplatz stets von einem peitschenbewehrten Gehilfen bewacht.

Der Drang zum Gewohnten und die Auflehnung gegen die Abtrennung macht sich naturgemäß auch beim Reiten bemerkbar. In jeder Schwadron gibt es berüchtigte Kleber, die mit keinem Mittel aus dem Trupp zu bringen sind.

Auch bei Rennpferden gibt es Tiere, bei denen sich ein Wechsel des Stalles, ja selbst des Standortes im Stalle, ein Wechsel des Trainers usw. empfindlich auf Form und Leistung auswirkt. Die Rennstallbesitzer hüten sich während der Rennsaison, mit solchen empfindsamen Tieren einen Wechsel vorzunehmen. In seltenen Fällen können Rennpferde, die von Jugend an stets isoliert aufgewachsen, trainiert und streng in abgesonderten Boxen gehalten wurden, gerade die gegenteilige Eigenheit annehmen. Solche Tiere werden übermäßig aufgeregt, unsicher und gar stetig, wenn sie mit anderen Pferden zusammen zu Leistungen herangezogen werden. Auf der Rennbahn übertragen sie die Aufregung auf die übrigen Beteiligten. Starts werden verzögert. Bei diesen bedauernswerten Geschöpfen ruft oft, obwohl keine Herzfehler vorliegen, schon der geringste Anlaß übermäßiges Herzklopfen und Schweißausbrüche hervor. In der Turfsprache nennt man solche Tiere «Angstherzen» und die Erscheinung «Herdenkoller». Es ist zu sagen, daß auch die Vererbung von nervösen Temperamenten und grobe Behandlung, insbesondere übereiltes Training, für die Entstehung des «Angstherzens» verantwortlich gemacht werden können. Zuweilen mag ein solches Tier die Rennbahn oder eine andere Gegebenheit als erfahrungsbedingte Bedrohung betrachten.

Die Macht der Gewohnheit tritt auch bei Zugpferden zutage. Pferde, die jahrelang im Zweierzug gingen und dann als Einspänner verwendet werden, machen oft große Schwierigkeiten. In der Landwirtschaft und im Gewerbe sind zuverlässige Einspännerpferde die gesuchtesten und bestbezahlten Zugtiere.

Konrad M. von Unruh (53) erzählt von einer interessanten Gewohnheitsbildung eines Göpelpferdes: «Nahe meiner Wohnung befand sich eine Kachel- und Ofenfabrik, deren Besitzer ich eines Mittags aufsuchen wollte. Auf dem Hofe war ein alter Schimmel vor ein Göpelwerk zum Mischen und Kneten des Tons gespannt, aber er stand still. Gewohnt, zu Pferden zu sprechen, klopfte ich ihm den Hals und sagte: ‹Nah, willst du nicht mehr ziehen oder sollst du nicht?› Ein

Arbeiter, der das gehört, antwortete: ‹Nein, er will nicht mehr, es hat 12 Uhr geschlagen!› – Das interessierte mich, und ich erfuhr, daß der Schimmel seit Jahren den Göpel ziehe, aber schon in der ersten Zeit gemerkt habe, daß, wenn es 12 Uhr schlägt und die Fabrikglocke läutet, der Arbeit das Futter zu folgen habe. Der Mann sagte: ‹Da können sie machen, was sie wollen, nach zwölf zieht er nicht wieder an, bis er sein Futter gekriegt hat.› Der gerade herauskommende Besitzer fügte hinzu: ‹Keine Macht der Erde bringt den Schimmel nach zwölf Uhr ohne Futter wieder in Gang. Er wehrt sich nicht, macht nichts, aber er zieht nicht, während er sonst unermüdlich geht und nie einen Antreiber braucht›.»

Das Gewöhnen der Pferde an furchterregende Begebenheiten, an das Angespannt- und Gerittenwerden, an unheimliche Wahrnehmungen wie Schüsse von automatischen Waffen, fahrende Automobile, Panzer, Baumaschinen, Flugzeuge usw. geht bedeutend leichter vor sich, wenn ein erfahrener Artgenosse anwesend ist. Auch beim Einspringen von Jungpferden wird oft ein routiniertes Springpferd zugezogen, das dem Lehrling das Springen der Hindernisse vorzumachen hat.

Das Nichtstehenbleiben der Stuten beim Deckakt ist vielfach auf die Abwesenheit der Saugfohlen zurückzuführen. Im Zürcher Zoo konnten wir beobachten, wie eine Zebrastute, die von der Herde isoliert wurde, erst nach längerer Zeit ihr Fohlen saugen ließ, nämlich dann, als sie wieder der Herde beigesellt wurde. Beim Umsetzen von Huftiermüttern, die Junge führen, wird in Zoos häufig ein Trick angewandt. Der Wärter nimmt das Junge einfach auf die Arme; das Alttier folgt ihm dann ohne weiteres.

Die Trennung der Pferde vom Gewohnten soll diese zuweilen zum «Selbstmord» treiben. Es gibt immer wieder Autoren, die den Tieren absichtlichen Freitod andichten und damit wesentlich zur Tiervermenschlichung beitragen. Was ist davon zu halten?

Unter Selbstmord verstehen wir in menschlichen Belangen die mit Überlegung, also im Vollbesitz des Verstandes und des freien Willens ausgeführte gewaltsame Vernichtung des eigenen Lebens. Gelegentlich vernimmt man von Kinderselbstmorden, die eigentlich keine, sondern Unfälle oder verunglückte Versuche, also verunglückte Trotzhandlungen sind. Kinder sind geistig noch nicht in der Lage, den Freitod realisieren zu können. Die Erkenntnisse der Biologen während der letzten Jahrzehnte zeigen, wie oftmals auch der Mensch instinktiv handelt, wie sein Verhalten von der Umwelt, von den ererbten Anlagen usw. bestimmt wird, so daß selbst beim Menschen in vielen Situationen der sogenannte freie Wille in Frage gestellt wird. Ob ein Tier über ein Bewußtsein im menschlichen Sinne verfügt, kann niemand mit ja oder nein beantworten. Vielleicht kann man das Bewußtsein höher organisierter Tiere etwa unserem menschlichen Unterbewußtsein gleichsetzen. Einen Anflug von verstandesmäßigem Handeln im menschlichen Sinne, d.h. das Vorbedenken der Mittel und Wege, die zu einem Ziele führen, können wir bei unseren nächsten Verwandten im Tierreiche, bei den Menschenaffen, feststellen, niemals aber bei Einhufern. Was bei den letzteren uns Menschen oft als «klug» erscheint, sind erfahrungsbedingte Verhaltensweisen, die mittels dem bei Einhufern sehr gut entwickelten Erinnerungsvermögen zustande kommen. Somit wäre die Frage über die Möglichkeit eines absichtlichen Selbstmordes bei Pferden bereits beantwortet.

Nehmen wir aber einmal an, das Pferd wäre in der Lage, bewußt Selbstmord zu verüben. Ich glaube, das Pferdegeschlecht wäre in Anbetracht des Wissens um das bevorstehende Ungemach in der Beziehung mit den Menschen, wie z.B. Pferdeschindereien, Schlachtgetümmel, Abtrennung von Artgenossen, Verurteilung zum obligatorischen Müßiggang, Verhinderung der Fortpflanzung usw., schon vor Jahrhunderten am Freitod ausgestorben; gewiß hätte es sich gar nicht domestizieren lassen, da es ja über wesentlich mehr Körperkräfte verfügt als einzelne Menschen.

Es kommen in der Mensch/Pferd-Beziehung gelegentlich Fälle vor, die oftmals – durch die menschliche Brille betrachtet – nach absichtlichem Selbstmord seitens des Pferdes aussehen, nämlich dann, wenn das Pferd von Panik befallen ist und ohne Rücksicht auf Schmerzeinwirkungen in Mauern, in Gräben, ins Wasser, über Abgründe und dergleichen springt und dabei sein Leben lassen muß, oder wenn sich der rasende Koller bemerkbar macht. In beiden Fällen ist das Seelenleben des Tieres gestört. Oft kann ein Pferd infolge eines Schwächeanfalles zu Tode stürzen. Gelegentlich passiert es, daß Pferde, durch unglückliche Vorfälle verursacht, ins Wasser fallen und dort ertrinken, aus dem einfachen Grunde, weil eine plötzliche Schreckeinwirkung zu einer psychischen Lähmung führte, oder weil das gute Tier zu wenig Platz hat, um sich wieder aufschwingen zu können.

Die Weigerung eines Pferdes, Nahrung und Wasser zu sich zu nehmen, hat mit Selbstmordabsichten sicherlich nichts zu tun. Das Pferd hat kein Wissen, warum es fressen muß. Es wird instinktiv vom Hungergefühl dazu angetrieben. Wenn das Pferd keine Nahrung mehr annimmt, dann ist es krank, entweder körperlich oder eben auch psychisch. Die Grenzen lassen sich nicht immer leicht ermitteln. Das Hauspferd, als Abkömmling des gesellig lebenden, fliehenden und Pflanzen fressenden Wildpferdes, ist ein ausgesprochenes Gewohnheitstier. Es reagiert auf Eingriffe in seine Gewohnheiten (Wegnahme alter Gespanen, Wechsel von Weide, Stall oder Arbeit, Weggang des langjährigen Betreuers, Verhinderung des normalen Trieblebens, z.B. des Sexualtriebes) mit aktivem oder passivem Verweigerungsverhalten verschiedenster Art. Besonders sensible Pferde verweigern das Wasser schon, wenn sie aus einem andern als dem gewohnten Kessel trinken sollten.

Sexualbedingte Widersetzlichkeiten

Auf der Wildbahn ist der Geschlechtszyklus der Einhufer von den Jahreszeiten abhängig. Infolge der geänderten Lebensweise des hausbar gemachten Pferdes trat die Regelmäßigkeit des Geschlechtslebens der Hauspferde in den Hintergrund. Das Pferd ist dasjenige Haustier, bei dem am meisten Abirrungen auf sexuellem Gebiete vorkommen. Die Brunst wird bei der Stute hormonal ausgelöst. Der Hengst stellt infolge des Rossigseins der Stute (besondere Verhaltensweisen, Geruch des Brunstschleims) fest, daß Hochzeit gefeiert werden muß; er wird geil. Diese Stimmung kann bei ihm besonders dann zur Quelle arger Auseinandersetzungen werden, wenn er an der Durchführung seiner Absichten verhindert wird.

Öfters haben psychische Fehler der Hauspferde ihre Wurzeln in der Sexualsphäre der Tiere. Deckfähige Hengste, die eine brünstige Stute gewahr werden, also geil werden, sind oft kaum zu halten; sie bilden vielfach eine wirkliche Gefahr für die Umgebung. Selbst der erfahrenste Praktiker kann oftmals bei solchen Tieren die Oberhand verlieren, denn in einer solchen Situation sind die Pferde so sehr vom Geschlechtstrieb geleitet, daß sie überhaupt keine Hindernisse und keine Schmerzempfindungen mehr beachten. Am verhängnisvollsten wirkt sich dies aus, wenn der geile Hengst auf die Wahrnehmung einer brünstigen Stute hin ausreißt und diese verfolgt.

Eine sonst ungekannte Berührungsempfindlichkeit, eine allgemein erhöhte Reizbarkeit charakterisiert normalerweise auch die Rossigkeit der Stuten. Die Stute kann sich mehrere

Tage in Brunststimmung befinden, und die Rossigkeit kann sich während Wochen immer wieder hochgradig einstellen. Auch der Grad der Rossigkeit ist ganz verschieden. So gibt es Stuten, die sich in einer sexuellen Rührmichnichtan-Situation befinden; bei anderen macht sich passives Verweigerungsverhalten bemerkbar. Beispielsweise würden Schenkelhilfen von einer rossigen Stute, deren Brunst sich durch eine ungewöhnliche Lebhaftigkeit auszeichnet, ganz falsch verstanden. So kommt es, daß Dressurreiter es ablehnen, mit Stuten zu arbeiten. Die Stimme der brünstigen Stute ist eigenartig moduliert. Ihre Gewohnheiten sind in den Hintergrund gestellt, die Freßlust ist unterbrochen; alles, was außer dem Geschlechtlichen steht, wird kaum beachtet, und der Gehorsam wird verweigert. Am Ende der Brunst verschwinden normalerweise diese Eigenheiten; zuweilen bleiben sie aber habituell. Der Fachmann spricht dann von Wildrossigkeit. J. H. Fr. Günther (54) beobachtete im Militärdienst eine Stute, die monatelang täglich richtiggehend besprungen wurde. Derselbe Fachmann beschreibt auch einen Pferdezwitter.

Viele Stuten sprechen bei der Paarung mit den Hinterhufen eine abwehrende Sprache; sie stehen nicht von Anfang an still und knallen in rasanter Weise dem Hengst die volle Nachhand vor die Brust. Pferdezucht ist eben nicht an einem Tage erlernbar. Normalerweise beträgt in eigentlichen Pferdezuchtgebieten die Trächtigkeitsziffer 80 bis 90%. Während des Krieges, als Gelegenheitszüchter wie Pilze aus dem Boden sprossen, betrug diese Ziffer unter 50%. Die richtige Brunsthöhe kann nicht immer ermittelt werden, und wenn auch Stuten zwei, drei oder noch mehr Male in verschiedenen Brunstzeiten begehrlich bedeckt werden, bleiben doch viele «güst». Die Brunst dauert zwei bis zehn Tage. Am besten führt man die brünstige Stute in der Mitte der Roßzeit, die aber eben nicht immer leicht festzustellen ist. So kann es dann vorkommen, daß die Stuten bei der Paarung im Deckstand nicht stehen wollen und mit aller Vehemenz gegen die Beschäler und Betreuer ausfeuern, wogegen man besondere Fesselvorrichtungen oder Abschrankungen zur Anwendung bringt.

Verschiedene Ereignisse im Dasein des Hauspferdes, so die Geburt, die Beigesellung fremder Tiere, insbesondere aber die Paarung geben dem Interessenten reiche Beobachtungsmöglichkeiten. Die wichtigsten Momente beim Deckakte von Hauspferden sind: Der Hengst wird von der rossigen Stute mit eigentümlichen, einladenden Blicken empfangen. Der Hengst schachtet aus, und der Penis gerät meist jetzt schon in Erektion. Um den Stand der Brunst zu ermitteln und eventuelle Widersetzlichkeiten zu umgehen, tritt der Hengst Kopf an Kopf zur Stute. Die Lippen berühren einander. Schreie, stoßweises Atmen und Vermischen des gegenseitigen Atems erfolgen. Die brünstige Stute antwortet mit eigentümlichem Aufschnellen des Kopfes. Um die Sache spannender zu machen, gewissermaßen um die Lust des Hengstes zu steigern, bedient sich die Stute der Widersetzlichkeiten. Sie haut und schlägt nach ihrem Geschlechtspartner. Schließlich schmiegt sich die frei gehaltene Stute an den Hengst an, drängt sich sogar mit der Nachhand unter diesen. Der Hengst reizt die Stute durch Fassen von Hautfalten an den Lippen, am Hals, an den Vorderschenkeln. Stets erfolgen gellende Schreie. Der Hengst berührt und beriecht vorsichtig die Weichen, die Hinterschenkel, das Euter und den Wurf der Stute. Er atmet stoßweise. Die Stute stellt die Hinterschenkel auseinander und unter den Leib, krümmt den Rücken, hebt den Schweif hoch, blitzt (krampfhaftes Umklappen und Aufziehen der Wurfränder mit gleichzeitigem Aufrichten und Heben der Clitoris) und sondert Harn vermischt mit Brunstschleim ab. Ihre Bauchmuskeln sind krampfhaft angezogen. Die Scheidenabsonderungen werden vom Hengst berochen. Er flehmt. Die Stute gibt sich dem Hengste willig hin. Sie schaut eigentümlich zum Beschäler zurück. Dieser springt auf. Der Penis sucht den Wurf. Ist der Penis eingeführt, erfolgen Begattungsbewegungen. Die Absamung des Hengstes wird von krampfhaft nickenden Bewegungen des gehobenen Schweifes begleitet.

Von Bedeutung ist die gegenseitige Geschlechtszuneigung. Da gibt es feurige wie phlegmatische Hengste, die trotz aller Anzeichen der höchsten Brunst gewisse Stuten, bei denen sich eine sexuelle Disharmonie bemerkbar macht, einfach nicht decken. In solchen Fällen bedient man sich vielfach des Vorführens der Lieblingsstuten, um die Geschlechtslust der Hengste anzufachen. Wenn die Begattungsbefähigung (Begattungserektion) eingeleitet ist, sind solche Hengste meist nicht mehr wählerisch. Nicht selten muß der Hengst, besonders solche, die sexuell überfordert werden, zwei, drei oder gar mehrere Male den Begattungsakt von vorne beginnen, bevor er den Samen loswerden kann.

Im weiteren ist die Deckimpotenz zu erwähnen. Graf Wrangel (55) empfiehlt: «Von größter Wichtigkeit ist, daß das Deckgeschäft auf einem entlegenen Platze stattfinde, wo keine Störungen durch aufregendes Geräusch und unberufene Zuschauer zu befürchten sind. Ich glaube dies um so nachdrücklicher betonen zu müssen, als viele Hengste – besonders junge und unerfahrene – beim Decken eine große Schüchternheit an den Tag legen. Ein bei der Allgemeinen Nordischen Fahrschule stationierter Vollbluthengst, Woodpecker, den ich als zweijährig in Newmarket gekauft, brauchte z. B. meistens eine gute halbe Stunde, bevor er sich entschließen konnte, Ernst zu machen. Trotzdem erwies derselbe sich als ein sehr fruchtbarer Beschäler. Ein gutes Mittel, das Blut solcher lauer Decker in Wallung zu bringen, ist zu tun, als ob man des fruchtlosen Wartens müde, beabsichtigte, die Stute fortzuführen.»

Graf Wrangel macht dann in der Folge auf das «Tun als ob» der Deckhengste aufmerksam: «Namentlich ältere und faul deckende Hengste, denen der Beschälakt keine Freude mehr macht, verstehen es bisweilen ganz meisterhaft, ihre Umgebung zu düpieren, indem sie alle Stadien der Exstase erheucheln und doch nicht absamen. Bisweilen ist ein strafender Hieb zur rechten Zeit, d.h. gleich nachdem der Hengst unverrichteter Sache von der Stute gestiegen, die erfolgreiche Kur für solche Simulanten.»

Aus den Ausführungen von Graf Wrangel ersehen wir, wie sehr es beim Deckakt der Pferde auch auf psychische Momente ankommt. Hermann Ebhardt (28) berichtet von seinen frei gehaltenen Islandponies, daß die Deckakte durchwegs nachts ausgeführt wurden. Ruhe auf Deckplätzen ist ein berechtigtes Gebot. Einem Deckhengst kann auch sukzessive der Verleider angehängt werden, indem man ihn z.B. aus Vorsicht gegen das Nackenbeißen mit dem Maulkorb springen läßt, oder wenn man ihm wiederholt Stuten mit anormal beschaffenen Geschlechtsorganen zuführt. Wir wissen von Stieren, die für die künstliche Samenübertragung zur Absamung an ein Phantom gewöhnt wurden und die dann, wenn sie wieder Rinder decken sollten, unfähig waren zu springen, was gewiß auch beim Pferdegeschlecht der Fall sein würde.

Der ehemalige Direktor des Eidgenössischen Hengsten- und Fohlendepots, Oberst F. Schär (56), äußerte sich zur Deckunlust der zur Maultierzucht verwendeten Eselhengste wie folgt: «Es empfiehlt sich, keinen Eselhengst zu kaufen, ehe und bevor man gesehen hat, wie er Pferde deckt. Hierbei genau aufzupassen, wie der Eselhengst für den Deckakt vorbereitet wird, und es später zu Hause genau so zu machen, ist ferner unumgänglich nötig. Wie der Esel abgerichtet worden ist, will er später auch behandelt werden. Wir haben die Erfahrung gemacht, daß es häufig viel Mühe und Geduld kostet, bis der Eselhengst decken will. Jede rohe Behandlung würde die Sache nur verschlimmern. Einige Esel sind nur durch Zeigen einer Eselin zum Sprunge zu bringen, und oft hilft auch dieses nicht, z. B. bei sehr rasch wechselnder Witterung, bei niedriger Temperatur usw. Wir sind deshalb dazu gekommen, auf eine Deckplatte nicht einen, sondern zwei Eselhengste nebst einer Eselin zu stellen, damit der Züchter wenn irgend möglich mit seiner Stute nicht unverrichteter Sache abziehen muß. Besser ist es schon, wenn derselbe Wärter, welcher die Esel das ganze Jahr besorgt, mit ihnen auf Deckstation geht.»

Pferde- und Eselhengste, die den Menschen als Geschlechtspartner betrachten, was Begrüßungen mit den Hufen und mit dem Gebiß, Aufspringen und An-die-Wand-drängen absetzt, waren in früheren Zeiten dann und wann anzutreffen. Im Zürcher Zoo wurde vor Jahren ein Eselhengst namens «Xaveri» gehalten, der insofern eine lokale Berühmtheit war, als er an dieser Art Perversität krankte und ihm bekannte Zoobesucher mit seinen ohrenbetäubenden Lauten begrüßte. Gegen Artgenossen verhielt er sich äußerst feindlich und mußte daher ein Alleindasein fristen. Sein Wärter war ihm verhältnismäßig gleichgültig. Schlimm wurde es, wenn ein fremder Wärter sein Gehege reinigte. Der Kerl war nur etwa 120 Kilogramm schwer, doch um ihm die Hufe schneiden zu können, waren jeweils einige Mannesstärken vonnöten.

Das Aufreiten weiblicher Tiere als Werbeäußerung des brünstigen Weibchens, das wir bei weidenden Rindern, auch bei Antilopen und Hirschen beobachten können, ist den Pferdestuten nicht eigen. Jedoch berichtet der Einhuferforscher Prof. O. Antonius (57) von Fällen, in denen doppelgeschlechtige Veranlagungen bei Pferden vorkommen, die zeigen, wie es oft schwer ist, die Grenzen zwischen normaler und perverser Sexualität zu ziehen. Ein Fall betrifft eine italienische Rieseneselin und ihr zweijähriges Stutfohlen. Lange vor der Geschlechtsreife des letzteren geriet es bei der Rossigkeit seiner Mutter in hochgradige Erregung, die sich darin äußerste, daß das Fohlen nach Eselhengstenart seine Mutter «trieb», und die rossige Mutterstute verhielt sich dabei zu ihrem Fohlen wie zu einem Hengst. Im weiteren erwähnt der genannte Pferdeforscher die 32jährige, für Schlachtzwecke in den Wiener Zoo gebrachte Ponystute «Lotty», die bei einem Ponypaar eingesetzt wurde. Die erste Begegnung der drei Tiere erfolgte durchs Gitter; die alte Stute wurde in einem Nachbargehege gehalten. Als erstes Resultat war zu verzeichnen, daß die uralte Pferdematrone hochgradig rossig wurde. Die Sektion nach dem Schlachten ergab eine echte Brunst, nicht etwa eine Scheinrossigkeit. Nach dem Zusammenlassen der fremden Stute mit dem Hengst und seiner Stute «Lissy» konnte eine weitere Überraschung festgestellt werden. Die Zoostute stellte sich zwischen den Hengst und die fremde Stute und benahm sich wie ein sprungbereiter Hengst. Sie verhinderte jede Annäherung des Hengstes an die neue Stute. Die letztere schien den «Hengst» voll anzuerkennen; sie wich nicht von ihrer Seite, stellte sich breitspurig und harnpressend vor sie hin und forderte geradezu zum Sprunge auf.

3. Schmerzbetonte Unarten der Hauspferde

Zu den Phänomen Angst und Kampf gesellt sich nun ein drittes Kriterium, der Schmerz, dessen Ergründung noch mehr unüberwindliche Schwierigkeiten bietet. Rechtfertigt es sich nun, Schmerzen den Gefühlen der Angst und des Kampfes gleichzusetzen? Ist Schmerz nicht allein eine Angelegenheit der Physiologen? Diese Frage rührt sehr an die Geheimnisse der rätselhaften Beziehungen zwischen Körper und Seele. Auf jeden Fall wird das Verhalten des Hauspferdes bei den Auseinandersetzungen mit dem Menschen nicht allein durch seine Gewöhnung an den Menschen oder durch das Zähmungsstadium, in dem es sich gerade befindet, bestimmt. Es ist auch mit dem Faktor Schmerz zu rechnen, an den es keine Gewöhnung gibt.

Zum Wesen des Schmerzes

Der Schmerz kann den ganzen Organismus beanspruchen und alle anderen Funktionen gewissermaßen lahmlegen, was besonders beim Seelenschmerz der Fall ist, den wir ja füglich auch den höheren Tieren zusprechen dürfen. Schmerz, diese peinliche, oft qualvolle Angelegenheit, ist meistens eine Mischempfindung, die durch gleichzeitige Erregung anderer Sinnesapparate zustande kommt (Druck, Schnitt, Bohrung, Stich, Erhitzung u. a.). Je nach den aufnehmenden Sinnesorganen unterscheidet man Geruchs-, Gesichts-, Tast-, Geschmacks-, Gehörsempfindungen, weiter aber Schmerz-, Druck-, Bewegungs-, Wärme- und andere Empfindungen. Die letzteren, wie auch die Schmerzempfindungen, gehen ohne scharfe Abgrenzung in die Gefühls- und Stimmungsbereiche über, da ja Schmerz nicht immer ein in unmittelbarer Beziehung zur Außenwelt stehender Vorgang des Zentralnervensystemes ist. Schmerz als solcher ist ein seelisches Erleben, und zwar ist diese Warnstimmung für alles höhere Leben von so großer Bedeutung, daß ihr ein spezieller Sinnesapparat zugeordnet ist. In diesem Sinne fällt das Phänomen Schmerz nicht nur in den Bereich, der den Physiologen angeht, sondern ebenso sehr in denjenigen des Psychologen.

Alles, was weh tut, ist Schmerz. Ein ganzes Heer von Schmerzspezialisten arbeitet an Schmerzbekämpfungsmitteln, um die Schmerzreizschwelle zu erhöhen. Doch muß aber Schmerz als kostbarer Besitz höheren Lebens wie das

Phänomen Angst auch positiv, gewissermaßen als Notsignal, bewertet werden. Welche bedeutungsvolle Aufgabe der Schmerz als Beschützer des Lebens erfüllt, beweisen jene Krankheitsfälle, bei denen keine Schmerzempfindungen vorhanden sind. Schmerz meldet sich, wenn am Körper etwas Unrechtes geschieht; doch haben wir aber auch Stellen oder ganze Organe, die nur mehr oder weniger schmerzempfindlich oder gar schmerzunempfindlich sind.

Über die Reizaufnahmestellen, die für die Auslösung der Schmerzempfindungen verantwortlich sind, tappt man weitgehend im Dunkeln. Es werden hierzu die sogenannten freien Nervenendungen, die Wollardschen Schlingen, die Ruffinschen, die Meißnerschen Körperchen usw. als verbindlich erklärt. Die Kenntnisse dieser feinen Apparate sind sehr lückenhaft. In der menschlichen Haut sollen rund 3 Millionen solcher Schmerzpunkte vorhanden sein. Die Organe, die sich mit dem Schmerz befassen, ihn empfinden und lokalisieren, nennen wir Schmerzsinnesorgane.

Bedauernswert sind Menschen, denen das Schmerzempfindungsvermögen fehlt. Wir wissen von solchen unglücklichen Leuten, deren Körper über und über mit Verwundungs- und Verbrennungsnarben und blauen Flecken übersät sind. Wir wissen von Sonderfällen, bei denen die Schmerzunempfindlichkeit auf Rückenmarkserkrankungen zurückzuführen ist. Ferner sind Fakire bekannt, die, ohne mit den Wimpern zu zucken, sich Knöpfe auf die bloße Haut nähen lassen, die ihre Arme mit Nadeln durchbohren, die sich einen Degen durch den Leib stoßen lassen usw.

So müssen wir dieser quälenden Pein in verschiedener Hinsicht dankbar sein. Der Schmerz meldet sich, wenn etwas am Körper beschädigt wird, und er zwingt das verwundete oder anderweitig havarierte Glied oder Organ zur Ruhe, was der Heilung förderlich ist. Ferner lehrt er uns, schmerzerregende Begebenheiten zu umgehen.

Bei Mensch und Tier gesellt sich in großem Maß zum Schmerz das Urgefühl der Angst; beide sind von bemerkenswerter biologischer Bedeutung, ohne die das Leben ernstlich in Gefahr wäre. Wie problematisch das Wesen des Schmerzes ist, beweist die Tatsache, daß er auch lustbetont in Erscheinung treten kann, so auf sexuellem Gebiet (Masochismus).

Schmerzbedingte Verhaltensweisen

Im Hausstande kommt das Pferd oft mit Schmerz in Berührung, woraus sich verschiedene Handlungen ergeben, die wir als schmerzbegründete Unarten bezeichnen müssen. Schmerz kann sich beim Hauspferd direkt durch entsprechende Bedrohungen auslösen, kann sich aber auch erfahrungsbedingt bemerkbar machen. Ein Pferd z.B., das sich einst im Schlachtgetümmel befand, scheut vor Schlachthöfen und Operationen des Tierarztes, weil es diese Faktoren mit einst auf dem Schlachtfelde erlittenem Unbehagen verbindet (assoziiert). An Raubtieren, d.h. an Fleischfressern, mag der alltägliche Blutgeruch gerade gegenteilige Stimmungen hervorrufen.

Der Hausstand bringt es mit sich, daß das Triebleben des Hauspferdes zum großen Teil gestört verläuft. Es muß sich gefallen lassen, von eingesessenen Gewohnheiten plötzlich getrennt zu werden. Jahrelange Arbeitsgespanen werden auseinander gerissen; das Junge wird nach dem Willen des Menschen der Mähre genommen; es wird ein Wechsel des Betreuers, des Stalles, der Arbeit usw. vorgenommen. Das gute Pferd reagiert daraufhin mit Freßunlust, mit Niedergeschlagenheit, mit Unbehagen, was wir als seelischen Schmerz beurteilen, bei dem die Definition Schmerz = Zerstörung von Zellen keine Gültigkeit mehr hat. Zwei Beispiele sollen diesen psychischen Zustand unseres Pferdes charakterisieren:

In Rennställen ist es oft Brauch, den nervösen und unruhigen Vollblütern einen kleinen Kameraden, meistens ein Schaf oder eine Ziege, beizugesellen. In den meisten Fällen ergibt sich daraus ein inniger Freundschaftsbund. Kurz vor dem Zweiten Weltkrieg, so berichtet Hedwig Lange (58), übersiedelte die Vollblutstute «Alfa» aus Frankfurt a. M. nach St. Moritz zum Training für den weißen Turf. Der an sie gewöhnte Ziegenbock «Toni» wurde in Basel zur Quarantäne zurückbehalten. Die Stute empfand diese gewaltsame Trennung schmerzlich. In St. Moritz neigte sie zur Melancholie, fraß schlecht, wurde immer matter und magerte ab. Nachdem dann endlich der Ziegenbock auch in St. Moritz eintraf, erholte sich die Rennstute wieder in wenigen Tagen und gewann am letzten Renntag, im großen Hürdenrennen, den ersten Preis.

Das zweite Beispiel erzählt uns Lilly Wiesner (59): «Lisel» und «Hans» waren zwei vertraute Bauernpferde. Gleichzeitig mit dem Bauer mußte «Hans» in den Militärdienst einrücken. «Lisel» ging daraufhin bedenklich in der Arbeitsleistung zurück und mußte geschont werden. «Hans» kam im Dienst ums Leben. Als der Bauer auf Urlaub kam, war die Stute mit ihm allein nicht zufrieden. Sie vermißte ihren Arbeitsgespanen mehr denn je. «Lisel» verweigerte das Futter, wurde immer schwächer, erhob sich nicht mehr vom Lager und ging ein. Ihr Herz versagte.

Mechanische Einwirkungen (Verwundungen, Vergiftungen u.a.), innere und äußere Krankheiten und körperliche Schwächen sind die Quellen von körperlichem Schmerz, mit dem sich das Hauspferd in Verbindung mit den von ihm verlangten Leistungen in mannigfacher Art und Weise auseinanderzusetzen hat und wogegen es sich mit allen möglichen Abwehrgebaren, wie Schlagen, Beißen, Steigen, Bocken, Durchgehen, Drängen, Niederlegen, Stehenbleiben usw. wehrt.

Eine Krankheitserscheinung mit typischen, für uns interessanten Gebaren stellt die Kolik dar, worunter man ganz allgemein Bauchschmerzen versteht, die sehr verschieden, z. B. durch Verstopfung und Entzündung der Verdauungsorgane, Verdrehung der Gedärme, Bildung von Nierensteinen und anderem verursacht werden. Das kranke Tier reagiert mit gewissen Verhaltensweisen, die dem Tierarzt zur Diagnose Aufschluß geben. Vor allem macht sich eine wesentliche Erregbarkeit bemerkbar. Das an Kolik krankende Pferd wirft sich nieder, wälzt sich, scharrt mit den Vorderhufen und beißt nach dem Bauch. Ähnliche Erregungen, die sich zuweilen bis zu eigentlichen Rasereien steigern, lassen sich auch bei mit narkotischen Drogen vergifteten Tieren beobachten. Unruhig und ängstlich verhalten sich Wallache und Hengste, die an Harnverhaltung leiden. Erkältungen und das Nichtgewähren von entsprechenden Ruhepausen für den Harnabsatz tragen als Hauptursache zu diesem Übel bei. Die davon befallenen Tiere erleiden kolikartige Anfälle, stellen sich öfters zum Harnen, ohne oder nur tropfenweise unter Anstrengung und Schmerz zu urinieren. Stallwandschlagen kann manchmal das Zeichen sein für den Befall mit schmerzerregenden Eingeweidewürmern.

Die Verwendung von unzweckmäßigen Gebrauchsmitteln, wie mangelhaftes Geschirr, Zaum- und Sattelzeug, oder unfachmännisches Beschirren, Satteln und Bespannen, ferner unangebrachter Gebrauch, bilden im Hausstand des Pferdes häufige Schmerzquellen, worauf das Pferd mit den verschiedensten Widersetzlichkeiten antwortet. Quälende Drücke oder andere Verletzungen sind vielfach die Folgen, deren schmerzende Entstehung im Gedächtnis der Tiere für lange Zeit fortbesteht und zu stetem Scheuen veranlaßt. Erinnert sei in diesem Zusammenhang an den Sattel- und Gurtenzwang und an die Kopfscheuheit. Auch das Zungenstrekken wird vielfach durch zungen- und ladenverwundende Gebißstücke herbeigeführt. Ferner ist das Nicht-am-Zügelstehen, das Hinter-oder-über-dem-Zügel-liegen in vielen Fällen ein schmerzbetontes Resultat.

Das Futterausstreuen wird von Pferden spielerisch ausgeführt, kann aber auch als Begleiterscheinung von Lähmungen der maßgebenden Empfindungsapparate in Erscheinung treten; oder es kann beispielsweise bei Zahnschäden, Fisteln und Entzündungen im Maul der Tiere schmerzbetont sein, um später gewohnheitsmäßig ausgeübt zu werden.

Das Nichtannehmen des Fohlens kann eine Erkrankung oder Verletzung des Gesäuges als Ursache haben. Der Grund zum sexuellen Unvermögen bei Hengsten mag manchmal in Erkrankungen der Geschlechtsorgane oder bei schmerzerregenden Abnormitäten liegen.

Mittels besonderer Einrichtungen an den Extremitäten sind Pferde in der Lage, sich stehend auszuruhen, zu dösen und gar zu schlafen. Wenn auch für kurze Zeit, liegen Pferde normalerweise ab, um sich auszuruhen. Verschiedene Krankheiten, Lähmungen und körperliche Mängel, aber auch Erinnerungen an Schmerzempfindungen beim Liegen oder beim Versuch aufzustehen, nehmen gelegentlich den Pferden die Lust, sich niederzulegen. Sie schlafen stehend, brechen gelegentlich nieder und ziehen sich Verletzungen zu. Die landläufige Bezeichnung dieser Handlungsweise lautet Schlafkoller. Das Festliegen der Pferde mag in den meisten Fällen auf Schmerzeinwirkung und Schwächen zurückzuführen sein. Doch geraten aber oft Pferde, die sich gewälzt haben oder gestürzt sind, in eine Lage, etwa an die Boxenwand oder an einen Baum, die den Tieren das Aufstehen verunmöglicht. Solche Pferde zieht man vorteilhaft am Schweif ein Stück von den Hindernissen weg, wo es ihnen dann möglich ist, aufzuspringen. Das Aufstehen der Pferde erfordert bestimmte Raumverhältnisse. Es erfolgt in drei Phasen: Erst werden die Vorderbeine nach vorn gestreckt, dann erhebt das Tier die Vorhand und schließlich die Nachhand. Bei den Rinderartigen geschieht das Aufstehen in umgekehrter Reihenfolge. Das Rind begibt sich zuerst in Knielage (Vorderhandwurzelgelenk), erhebt sich hinten und dann vorn. Diese Eigenheiten stehen ebenfalls im Dienste der Feindvermeidung bzw. der Feindbekämpfung. Die mit Hörnern bewehrten Rinder wehren manchmal den Feind «kniend» mit den Hörnern ab, während bei den Einhufern die Flucht normalerweise als primäre Reaktion in Erscheinung tritt.

Zwei sich ebenfalls beim Pferdegeschlecht geltend machende, dem Schmerz verwandte, sogenannte Mißempfindungen, sind die Kitzel- und Juckempfindungen. Die Bedeutung dieser bedenklichen Pein in menschlichen Belangen kann man an der Tatsache ermessen, daß mehr Menschen infolge quälender Juckempfindungen Hand an sich legen, als dies bei bloßen Schmerzeinwirkungen geschieht. Es handelt sich dabei um Mitteldinge zwischen Berührungen und Schmerz, die ebenfalls wie der Schmerz in das Gebiet der Gefühle fallen.

Das Jucken, nicht gerade schmerzhaft, aber zur Abwehr auffordernd, wird in der Natur meistens nur durch eine Ursache hervorgerufen: durch das gefährliche Ungeziefer. Es stellt einen wehrhaften Schutz dar, der sogar im Schlafen und Dösen funktioniert. Diese Funktion ist so bedeutungsvoll, daß sozusagen jede Stelle der Pferdehaut auf Juckreiz anspricht. Am empfindlichsten sind die natürlichen Öffnungen (Augen, Ohren, Nüstern, Lippen, After, Scheide und Rute), wo sich leicht Parasiten in die Schleimhäute einnisten können.

Mit Stampfen, Schlagen, Niederlegen, Wälzen, Kopfschlagen, Schweifschlagen oder gar Durchgehen wehrt sich das Pferd gegen lästiges, blutsaugendes, entzündungverursachendes und krankheitsübertragendes Ungeziefer. Doch würden aber auch wiederum viele Pferde, die an der heißen Augustsonne am Erntewagen stehen, dem gefährlichen Sonnenstich anheimfallen, wenn sie nicht ständig von solchen Plagegeistern zu Abwehrbewegungen herausgefordert würden.

Augenbogen-, Mähnen-, Fessel- und Schweifansatzscheuern ist meistens ebenfalls Folge von Juckempfindungen, die durch Unsauberkeit, Befall von Räudemilben, Läuse, Vogelmilben, Bremsenlarven, Pfriemenschwanzwürmer im After und Hautausschläge verursacht werden. Das Vorhandensein von Unreinheiten, Ausschlägen und Parasiten an den Fesseln kann zum Stallwandschlagen führen.

Mit der Anwendung des Ausbindestockes verhindert man bei Pferden das sogenannte Aderbeißen. Dieses fehlerhafte Verhalten, das zum gewohnheitsmäßigen Handeln ausarten kann, wird ebenfalls durch den Juckreiz herbeigeführt. Es handelt sich um Abwehrgebaren mit dem Gebiß gegen das Jucken von heilenden Verwundungen.

Ein übler Roßhändlertrick ist das «Pfeffern». Er besteht im Einstreichen von Pfefferteig in den After und hat den Zweck, Pferde gängig zu machen, den Schweif hoch tragen und den Rücken strecken zu lassen.

Weit geheimnisvoller als das Hautjucken ist das Kitzelgefühl. Wenn uns etwas krabbelt, ob es uns paßt oder nicht, Juckempfindungen haben wir immer; Kitzelempfindung aber nur, wenn wir gut gelaunt sind. Auch sich selbst kann man nicht kitzeln. Ebenfalls ist es unmöglich, ein fremdes Kind zu kitzeln. Was haben wohl jene Bedauernswerten im Mittelalter empfunden, denen man in gefesseltem Zustande mittels einer an den mit Salzwasser bestrichenen Fußsohlen leckenden Ziege Geständnisse entlockte, Kitzel oder Jucken? Wir tappen im Dunkeln. Und was für eine biologische Bedeutung hat das Kitzeln? Die Erklärung hierzu bezieht sich auf das Spiel. Kitzlige Tiere finden wir nur bei höher gestellten Säugetieren, die in Herden leben, ihr Leben verteidigen müssen, dementsprechend bewehrt sind und die zwischen einer wirklichen Gefahr und einer Scheingefahr, also Spiel, unterscheiden können, wie bei Pferden, Hunden, Katzen und Affen, die mit Beiß- oder Handbewegungen kitzeln. Bei Menschenaffen läßt sich sogar ein kicherndes Lachen feststellen. Insbesondere die schutzbedürftigen Körperstellen sprechen auf Kitzelreize an, etwa dort, wo die großen Schlagadern sich befinden, in der Achselhöhle, in der Leistengegend, am Hals, oder an Körperteilen, die lebenswichtige Organe bergen, wie Bauch, Brust, Lenden usw. So scheint es, daß dem Jungtier im neckenden Spiel durch Kitzeln beigebracht wird, wo es sich in einer wirklichen Gefahr schützen soll, wo es aber auch im Kampf anpacken muß. Dies alles zeigt uns, wie vorsichtig man beim Beurteilen eines überempfindlichen Pferdes sein muß. Ob wildrossige Stuten wirklich kitzlig sind?

Es ist zu empfehlen, Pferde von jung auf an das Putzen zu gewöhnen. Unterläßt man dies, so reagieren sie später mit abwehrendem Verhalten, bis sie an den Striegel gewohnt sind. Bereits in den ersten Lebenswochen des Fohlens setzt der Haarwechsel (Fohlenmauser) ein. Das junge Leben empfindet dann Jucken, und es ist eine Wohltat für das Tier, gestriegelt zu werden. Es gibt Pferde, die bis ins hohe Alter von Natur aus auf die kleinste Berührung hin ein abwehrendes Verhalten zeigen und einen dementsprechend behutsamen Umgang erfordern; andere sind wiederum nur an bestimmten Stellen kitzlig bzw. überempfindlich. Ein Maximum an Überempfindlichkeit liegt bei wildrossigen Stuten vor. Diese sind dann meistens auch gefürchtete Leitseilfänger, die ausschlagen, Harn ausspritzen, gellende Laute von sich geben, mit dem Schweif die Leine zu erhaschen versuchen, diese dann, wenn sie sie erwischen, mit aller Kraft festhalten und zu rasen beginnen.

Ein Sammelsurium von Widersetzlichkeiten aktiver und passiver Art liegt bei kollerigen Tieren vor. Kollerige Pferde sind Tiere, deren Seelenleben infolge von organischen Erkrankungen oder Schreckeinwirkungen gestört ist. Nirgends so sehr wie bei diesen anormalen Lebenserscheinungen kommt zum Ausdruck, wie intensiv die Wechselwirkungen von Seele und Körper sind und wie schwer es eigentlich ist, zwischen Seele und Körper Grenzen ziehen zu können. Es lassen sich drei verschiedene Kollertypen unterscheiden:

Schleichender Koller. Erscheinungsbild: Niedergeschlagenheit, Kopf gesenkt, Ohren hängend oder die eine Ohrmuschel ist nach hinten, die andere nach vorn gestellt, unsicher im Gange, Schenkel im Stand unter den Leib gestellt, Vorderbeine oft kreuzweise übereinander, muß stets angetrieben werden, zur Leistung nur noch bedingt brauchbar, geringe Sinnestätigkeit, oft Futter im Maul behaltend, Kauen ohne Futter im Maul, Maul bis zur Atemnot bis über die Nüstern ins Tränkewasser gesenkt, stürzt oft, für die Arbeit nicht mehr zu gebrauchen, Verweigerung der Nahrungsaufnahme, Nerventätigkeit gelähmt, für Strafen unempfindlich, fällt bei Wendungen über den Haufen, Augen ohne Glanz, Schleimhäute blaß, Durchfall, Atmung behindert, After bleibt offen stehen, Rute hängt heraus, Ohren und Glieder sind kalt anzufühlen, Unterlippe hängend...

So schildern Fachleute dummkollerige Pferde. Vom Dummkoller weiß man heute, daß er von einer Hirnschwellung verursacht wird, über deren Entstehung man aber im unklaren ist. Bei weitem nicht alle dummkollerigen Pferde müssen die soeben geschilderte Leidensgeschichte durchmachen. Ein Pferdehalter kann ein an Dummkoller ersten Grades erkranktes Tier besitzen, ohne eine Ahnung davon zu haben. Ferner kann diese Störung in leichterem Ausmaß periodisch auftreten, und es gibt Pferde, die zeitweise mehr, zeitweise weniger an diesem Übel kranken und doch an einer anderen Krankheit eingehen. Ähnliche Reaktionen, wie sie sich beim Dummkoller ergeben, sind bei andern, vermutlich durch Viren verursachten Krankheiten, zu beobachten: bei der Schweinsberger und Bonarschen Krankheit.

Aktiver Koller. Zu dieser Art Koller zählen der rasende Koller, der sogenannte Samenkoller und der sogenannte Mutterkoller. Der rasende Koller soll ebenfalls – wie sich verschiedene Autoren einig sind – die Folge einer schwerergründbaren Gehirnerkrankung (Entzündung) sein. Er tritt wie folgt in Erscheinung: In unregelmäßigen Zeitabständen Stadien der Erregung und Stadien der Benommenheit, stehen still, nicht vom Fleck zu bringen, zerschlagen und zertreten alles, was in die Nähe kommt, steigen, schlagen, beißen, hauen, rennen an die Wand, Krippen, Mauern, liegen auf die Deichseln, drehen sich um, stürzen ermattet zu Boden, springen wieder auf, überschlagen sich, zersprengen Halftern und Ketten, auf Verletzungen keine Rücksicht nehmend, kennen Betreuer und Artgenossen nicht mehr, rasen, Augen stehen heraus, Kopf und Ohren brennend heiß anzufühlen, jagen weiter, bis sie von einem Hindernis aufgehalten werden oder in einen Graben fallen und wie leblos liegen bleiben, plötzlicher Tod durch Gehirnlähmung kann eintreten...

Bei Hengsten, die auf eine normale Triebbefriedigung verzichten müssen, können dieselben Rasereien festgestellt werden. Die ältere Literatur kennt hierzu die Bezeichnung Samenkoller. Praktiker schwächen den Hengsten ihre Geilheit ab, indem sie die Nüstern mit übelriechenden Stoffen beschmieren oder ein mit Kampfer gefülltes Säckchen an das Nasenband der Halfter anhängen. Dieselben, zum Teil noch schwerwiegenderen Erscheinungen treten auch bei Zootieren, z. B. bei Elefanten- und Giraffenbullen, Affenmännern, Hirschen, Antilopenböcken u. a. auf, wogegen man sich heute mit gewissen, seit einigen Jahren in den Nervenheilanstalten gebräuchlichen Drogen behilft. Allerdings muß vor Überdosierung von solchen Mitteln gewarnt werden, da eine solche zur Erschlaffung des Gesamtorganismus führen kann. Es ist Sache des kundigen Tierarztes, solche Medikamente anzuwenden bzw. zu verschreiben.

Mit dem Mutterkoller ist das sich gelegentliche Einstellen von rasendem Verhalten gemeint, das sich ergibt, wenn Saugfohlen von ihren Mutterstuten getrennt werden oder eingehen, ohne daß diese wieder tragend sind, wozu sich dann des öftern die Wildrossigkeit oder Nymphomanie, wie der Fachausdruck lautet, gesellt. Bei wildrossigen Stuten liegen Störungen des Hormonhaushaltes vor. Es macht sich bei ihnen eine dauernde Brunststimmung bemerkbar. Die Tiere «blitzen» und harnen oft, schlagen ständig mit dem Schweif, sind meist hochgradig kitzlig, drängen sich an Artgenossen, drängen den Betreuer an die Wand und bedienen sich verschiedener anderer Widersetzlichkeiten. Beim Umgang mit solchen Problemtieren sieht sich das Stallpersonal meist in die Rolle von Dompteuren wilder Tiere gedrängt.

Schreckkoller. Schreckerlebnisse etwa im Schlachtgetümmel oder im Verlaufe von Naturkatastrophen versetzen Pferde zuweilen in totale Passivität, gewissermaßen in seelische Lähmungszustände, aber auch in Raserei. Reaktionshemmungen können wir bei Unfällen mit bespannten Pferden oder bei stürzenden Reit- und Saumpferden immer wieder beobachten. In solchen Situationen sind die befallenen Tiere so sehr vom Schreck vergewaltigt, daß sie, wenn man sie von den Beschirrungen befreit hat, vorübergehend wie leblos liegen bleiben. Bei Pferden, die ins Wasser stürzen und benommen liegen bleiben, droht der Ertrinkungstod.

Das Hauspferd, als Abkömmling des einstigen fliehenden, gesellig lebenden Steppentieres, ist heute einer technisierten Welt gegenübergestellt. Es kommt daher nicht von ungefähr, wenn gelegentlich, so namentlich temperamentvolle Pferde, an einer ans Krankhafte grenzenden Schreckhaftigkeit und Nervosität leiden, so daß sie zeitweise kaum zu gebrauchen sind.

So ist es also nicht immer gesagt, daß ein Schrecken das Pferd zum Davonrasen veranlaßt. Vor Schreck kann das Pferd auch in Ohnmacht fallen. Parallelen sind ebenfalls beim Menschengeschlecht anzutreffen. Bei jeder größeren Panik unter Menschen kommt es immer wieder vor, daß einige der Beteiligten, besonders sensible Frauen, bewußtlos vor Schreck zu Boden sinken und vom Menschenknäuel, der zur Flucht drängt, zu Tode getreten werden.

Über psychische Lähmungen in der Tierwelt wissen besonders auch die Ornithologen zu berichten. Gewisse Vögel fallen leicht vor Schreck in Ohnmacht, nur wird dieses Verhalten gewöhnlich mysteriös gedeutet. Es wird da von Kniffen, Sichtotstellen, Sichlahmstellen, Taktik, Simulation usw. gesprochen, ganz als ob eine Ralle oder eine Ente sich im klaren wäre über die Wirkung, die dieses Verhalten beim Verfolger erzielt. Die Biologen sind anderer Meinung. Sie setzen das «Sichtotstellen» der Tiere nicht auf die Ebene der Verstandesleistungen. Sie machen einen Schutzinstinkt, der zufällig einmal entstanden und durch natürliche Zuchtauswahl gefördert worden sei, für diese Handlungen verantwortlich. Es gibt aber auch Forscher, die von dieser Deutung nicht viel halten. Tatsache ist, daß eine Lähmungserscheinung bei solchem Verhalten wirklich vorhanden ist, und hierin liegt die viel einfachere Erklärung, die der Wirklichkeit gewiß am nächsten kommt.

Wir leben im Zeitalter des Motors, und Pferde werden immer weniger. Die Nachfrage nach Pferden ist im Vergleich zu früheren Jahrhunderten bei uns bedenklich gering geworden. So kommt es auch, daß die Beobachtungsmöglichkeiten von außergewöhnlichen Lebenserscheinungen bei diesen

Tieren, wie dies der Koller in seinen verschiedenen Erscheinungsformen ist, selten geworden sind. Lassen wir aber einen erfahrenen Fachmann aus dem letzten Jahrhundert, der mit Tausenden von Pferden zu tun gehabt hat, über dieses Gebiet Auskunft erteilen. Seyfert von Tennecker (35) schreibt aus seiner Fronterfahrung: «Mehrere geben alle Zeichen des rasenden, mehrere des stillen Kollers, die Augen werden mit Blut gefüllt, der Blick wird stier, und ein Druck des Gehirns von dem vermehrt zuströmenden Blute, das der Reiz des Schalles herbeilockte, wird dann unverkennbar. Alle Nerven werden wie gelähmt, die Bewegung wird schwerfällig, unsicher und ist nicht ganz vollkommen mehr der Willkür des Tieres untergeordnet wie bei chronischen Dummkollerern; die Pferde gehen weder vorwärts, noch rückwärts oder seitwärts, bleiben, als wie mit allen vier Schenkeln in die Erde gebohrt, auf einer Stelle stehen, oder gehen wie rasend durch, und sind durch keine Hülfen und Vorteile der Reitkunst zu erhalten. Wie viele Pferde habe ich nicht in diesem betäubten, man kann sagen bewußtlosen Zustande aus dem Geschütz müssen ausspannen lassen, weil sie sich ganz wie dumme oder rasende Pferde gebärdeten, und würde sie wirklich für dumm gehalten haben, wenn mich nicht schon die Erfahrung belehrt gehabt hätte, daß alle diese krankhaften Erscheinungen nur Folgen von ihrem zarten, man kann sagen, krankhaft empfindlichen Gehör wären, und sie nach der Entfernung von dem heftigen Schall die gesundesten, frömmsten und folgsamsten Pferde wären.»

In diesem Zusammenhang sei an die abscheulichen Strafvollzugsmethoden des Altertums erinnert. Eine Art, um an Verbrechern das Todesurteil zu vollziehen, war die Anwendung von Krachmaschinen. Das Geräusch einer tickenden Uhr beträgt rund 10 Phon. «Phon» ist eine Maßeinheit für den Schalldruck, um die Lautstärke von Geräuschen und Tönen zu messen. Die Schmerzreizschwelle des menschlichen Ohres beläuft sich auf etwa 130 Phon. Was darüber ist, wird als heftiger Schmerz empfunden. Weiter berichtet von Tennecker: «Eigentlich bösartige Charaktere von Natur trifft man bei den Pferden wenig oder gar nicht an, oder sie gestalten sich nur während der Zeit, so als der Hengst durch Geilheit, die Stute durch Rossigkeit, sich in einem überreizten, man kann sagen, kranken Zustand befindet, der nicht selten lange Zeit fortdauert, ja, den Tieren zur Gewohnheit wird, und in eine eigentliche chronische Krankheit, Manie übergeht; was ich als ein Nervenleiden betrachte, bei welchem die Seelenverrichtungen des Tieres gestört sind. Als Beweise hierzu führe ich folgende Beispiele an. Mir sind z. B. Stuten vorgekommen, die zu jeder Zeit vorzüglich, aber während des Rossigseins außerordentlich kitzlig, empfindlich, reizbar und unruhig waren, schlugen, bissen, hauten und was man sagt stallböse, unleidlich und unumgänglich waren, sich nur mit großer Vorsicht besteigen und nicht ohne Gefahr reiten ließen, oder bei dem Fahren nach den Strängen, den Leitseilen und nach allem schlugen, was sie nur leise und entfernt berührte, und dieses Benehmen beibehielten, wenn auch übrigens keine Spur von Rossigkeit bei ihnen zu entdecken war, gleichwohl durch das Bedecken nicht zukamen und sich in einem unausgesetzten, höchst gereizten und krankhaften Nervenzustande befanden. ‹Welches böse, unleidliche Pferd ist dies nicht›, hieß es dann, ‹sein Charakter ist der störrigste und widerspenstigste, ja böseste, den es nur bei den Pferden geben kann.› Es wurden alle möglichen Mittel der Reitkunst, Güte, Strenge und Gewalt angewandt, und sie blieben stets wie sie waren, weil nach meiner Meinung ihre Unleidlichkeit und Bösartigkeit, wenn man es so nennen will, gar nicht in ihrem Charakter, wohl aber an einem überreizten kranken Zustande ihrer Nerven lag. Sie litten an der Manie, an der Mannstollheit, und waren Subjekte, die früher oder später, wenn sie Menschen gewesen wären, zum Tollhause reif würden, als Pferde am Ende tot gestochen werden mußten, wenn sie nicht früher in entzündlichen oder chronischen Dummkoller verfielen, zu dem ihr gereizter Nervenzustand schon lange den Grund gelegt hatte.»

4. Konfliktbandlungen

Bis anhin hatten wir es mit drei verschiedenen Qualitäten von problematischen Verhaltensweisen zu tun, die sich im Umgang mit Pferden ergeben und die wir als psychogene Fehler bezeichnen: mit angst-, kampf- und schmerzbetonten Handlungen. Nun, als letzte Gruppe der unlustbetonten Pferdeunarten, sind noch die Gebaren zu erörtern, die eindeutig aus Stimmungskonflikten hervorgehen, von denen einige in eigentliche Bewegungsstereotypien ausarten können.

N. Tinbergen (60) hat zum erstenmal ausführlich eine Studie über diese von früheren Autoren meistens als merkwürdige Erscheinung verbuchten Benehmensweisen veröffentlicht. Er nannte sie Übersprungsbewegungen. Sie treten dann zu Tage, wenn ein Tier sich in einer Konfliktstimmung befindet. Charakteristisch ist die sehr starke Erregung, die die Übersprungsbewegungen begleitet. Ein solcher Widerstreit entsteht besonders oft zwischen Kampf- und Fluchtstimmung. Hierzu ein Beispiel: Zwei sich bis anhin unbekannte Hähne stehen einander gegenüber. Jeden Moment kann der Kampf beginnen. Doch beide sind gleich stark, keiner getraut sich anzugreifen, und keiner läßt sich in die Flucht schlagen. Die Affekte, d. h. die durch äußere kampfauslösende Reize hervorgerufenen Erregungszustände, können nicht normal ablaufen, sie werden gestaut. Die beiden Kontrahenten kommen somit in einen innerlichen Konflikt. Plötzlich pickt einer nach Erdkrümchen oder kleinen Steinchen oder nach etwas gar nicht Vorhandenem; er zeigt ein Verhalten, das weder mit Flucht noch mit Kampf etwas zu tun hat. Die Bewegung ist auf einen anderen Trieb, nämlich auf den Freßtrieb, übergesprungen.

Wir kennen in menschlichen Belangen viel Übersprunghaftes. Beispiel Tramhaltestelle: Bürovorsteher Bünzli hat sich verschlafen, ausgerechnet an dem Morgen, wo er die neue Sekretärin einführen sollte. Ohne Frühstück rennt Bünzli zur Tramhaltestelle. Noch nie im Leben, so scheint es ihm, hat er je so lange auf die Straßenbahn warten müssen. Was macht er? Wie ein wutentbrannter Kadi beim Hauptverlesen vor seiner Garde, so schreitet er die Haltestelle ab. Wenn Herr Bünzli ein Roß wäre, würden wir sagen: «Bünzli webt.» Xmal schaut er auf seine Uhr, auf der er die Zeit schon längst festgestellt hat. In Anbetracht seiner bevorstehenden Aufgabe nestelt er immer wieder an seiner Krawatte, obwohl er, als er sie sich knüpfte, den Spiegel gebrauchte. Das Tram kommt endlich, Bünzli steigt ein, fährt ab und gerät plötzlich in große Verlegenheit. Herr Bünzli kratzt sich hinter den Ohren, denn er hat den Büroschlüssel vergessen usw. usf.

Die Tierforscher beschränken den Übersprungsbegriff auf reine Instinkthandlungen. Übersprungsbewegungen treten dann auf, wenn verschiedene Triebe zugleich stark aktiviert sind, oder wenn nur ein Trieb aktiviert, aber verhindert ist, normal abzulaufen.

So sind einige psychische Fehler der Hauspferde ebenfalls als Übersprungsbewegungen zu beurteilen. Die am häufigsten in Erscheinung tretende Unart der Hauspferde, das Scharren, Kratzen, Wassertreten und Lufthauen mit den vordern Extremitäten, gehört dazu, was unnötiges Abnützen der Hufe und Beschläge, Beschädigungen der Bodenbeläge und Stallunruhe zur Folge hat. Prof. Dr. Bernhard Grzimek hat das Übersprungsscharren bereits im frühesten Fohlenalter vor der leergetrunkenen Milchschüssel in seinem bereits erwähnten Kaspar-Hauser-Versuch festgestellt.

Was hat nun das Scharren mit Instinkt zu tun? Fürs erste ist diese Bewegung einmal ein Bestandteil der Pferdesprache, ein Ausdrucksmittel der Pferde unter sich, wie wir es auch im Freileben beobachten können. Stehen beispielsweise plötzlich zwei rivalisierende Pferde einander gegenüber, so erfolgen meistens heftige Scharrbewegungen (Lufthauen), denen Drohcharakter anhaftet, oder die als eine Art Demonstration von Selbstsicherheit und Kraft aufzufassen sind. Den Huftieren in Schneegebieten dient diese Bewegung der Futtersuche. Bei Rentieren kann man beobachten, wie sie mit den Hufen Rinde am Gehölz losschlagen, um diese besser aufnehmen zu können. Frl. Dr. Lilly Schönholzer (61) beobachtete im Zürcher Zoo eine Chapmann-Zebrastute, die mit dem rechten Vorderhuf das Eis an der Tränkestelle einschlug, um so zum Trinkwasser zu gelangen. Ebenfalls sichtete E. Schäfer (62) mehrmals ganze Rudel Kiangs, «die sich dicht gedrängt auf der dicken Eisdecke von Steppenflüssen versammelten und im rhythmischen Takte, mit hochaufgewinkelten Vorderhufen, die Eisdecke zu durchbrechen suchten». So mutet es merkwürdig an, wenn man bei Prof. Otto Fehringer (25) nachliest, daß «die Wildpferde südlicher Breiten, also Zebra und Esel, wenn sie in den Norden kommen, im Schnee eher verhungern, als darunter Nahrung zu suchen». Im weiteren scharren männliche Angehörige verschiedener Huftierarten in Brunstzeiten, um das Sekret der Zwischenklauendrüsen abzusondern und damit ihren Lebensbezirk zu markieren. So z. B. die Rehböcke. Ob dies bei den Pferdlingen vor Jahrmillionen auch der Fall war?

Im «Schweizer Kavallerist» Nr. 13/14 von 1946 wurde eine Photoserie wiedergegeben, die die Situation festhält, wo ein Fohlen zusammen mit seiner Mutter zum erstenmal den Stall verläßt. Die Stute ist bereits aus dem Stall getreten, hat sich umgewendet, schaut zum zögernden Jungtier zurück und scharrt. Die Mutterstute wünscht das Fohlen bei sich im Freien, kann aber nichts tun, damit dies geschieht. In ihrer Ungeduld verfällt sie somit auf das Scharren.

Ich hatte einst den Auftrag, einige an Respirationsleiden erkrankte Pferde ins Tierspital zu transportieren. Jedesmal, wenn die Bahn anhielt, absolvierten die Gäule Scharrserien. Bei der leisesten Einwirkung der Zugbremse fingen die Patienten jeweils zu scharren an; sie erwarteten bei jeder Haltestelle, endlich ausgeladen zu werden. Da sie angebunden waren und nicht einfach weglaufen konnten, machten sie etwas anderes: sie scharrten abwechslungsweise mit den linken und mit den rechten Hufen. So werden durch die Verhinderung einer gewünschten Zielerreichung (Futter, Artgenossen/Angebundensein) diese Scharrbewegungen ausgelöst. Bei an Kolik erkrankten Pferden tritt das Scharren manchmal infolge Schmerzeinwirkung auf, gegen die sich das Tier nicht zu helfen weiß.

Vielfach ist das Scharren der Pferde als angelernte Bettelbewegung zu klassieren, wie ich solche auch bei Przewalski-Pferden und Zebras beobachten konnte. Bettelnde Tiere befinden sich in einem Spannungszustand; sie müssen etwas zum Wunschobjekt hin tun. Bekannt sind Bären, die tanzen, Affen, die mit Handständen ihr Ziel zu erreichen versuchen, und eben Pferde, die scharren oder solche, die, um einen Leckerbissen zu erhalten, die Hände der Betreuer belecken. Im Münchner Zoo konnte ich eine weitere eigenartige Bettelbewegung eines Zebras beobachten und im Bilde festhalten. Das betreffende Tier biß vor futterspendenden Besuchern jeweils in die Gittermaschen, bis man ihm etwas in das Maul legte. Bettelgebaren sind in ihrem Ursprunge Übersprungsbewegungen.

Die gleichen Schäden, die durch das Scharren verursacht werden, resultieren auch aus dem Stampfen mit den hintern

Extremitäten, was besonders bei energiegeladenen Hengsten vorkommt und eigentlich der Abwehr lästigen Ungeziefers dient. Der Schimmelhengst «Miggi», ein Zirkuspferd der Kunstreitertruppe Carolis, hat die Gewohnheit, wenn er am Sattelplatz auf den Einlaß zur Manege warten muß, in Abständen von drei bis zehn Minuten entweder mit dem linken oder mit dem rechten Hinterglied in sehr schneller Folge etwa achtmal mit aller Wucht zu stampfen. Als Bettelbewegung fällt dieses Verhalten außer Betracht. Es sind dies reine Übersprungsbewegungen, die vom Pferd in einer Zielstrebigkeit/Verhinderung-Situation ausgeführt werden.

Einige Übersprungsbewegungen werden zuweilen von Hauspferden solange wiederholt, bis sie automatenhaft ablaufen und als richtige Bewegungsstereotypien sich äußern. Der Begriff Stereotypie stammt aus dem Druckereigewerbe und ist die Bezeichnung für ein besonderes Vervielfältigungsverfahren. Der Tierpsychologe versteht unter Bewegungsstereotypie automatenhafte, zwangsartig stets wiederkehrende Bewegungsfolgen, die erstmals von Prof. Dr. Hediger (63) als Ausdruck psychischer Störungen bewertet wurden. Einige solcher Zwangshandlungen, z.B. das Sterngucken junger Großkatzen, zuweilen auch das Zungenschlagen der Rinder, wurden als Auswirkung von organischen Krankheiten erkannt, die durch Mangel an gewissen Vitaminen verursacht werden.

Die heute noch zum großen Teil mißverstandenen Bewegungsstereotypien, unter anderen das Weben, haben durch die Tierpsychologin Frau Prof. Dr. M. Meyer-Holzapfel (23) eine ausführliche Bearbeitung erfahren. Wir kennen beim Hauspferde verschiedene Bewegungsstereotypien, die aus gleichzeitigem Wirken entgegengesetzter Strebungen hervorgehen, wie das Schweif-, Kopf-, Lippen-, Zungenschlagen und das Weben. Vor allem sind es gewisse Typen Pferde, besonders solche, die leicht in Erregung geraten, oder solche, die häufig zur Untätigkeit verurteilt sind, die für zwangsartige Bewegungsfolgen prädisponiert erscheinen. Jede dieser unlustbetonten Bewegungsstereotypien war in ihrem Ursprunge eine Übersprungsbewegung, die durch Affektstauungen verursacht wurde.

Der Schweif des Pferdes ist eigentlich das Instrument, womit sich das Tier Ungeziefer vom Leibe hält. Es trifft zu, daß Esel und Halbesel, also Einhufer, deren Schweife kurz behaart sind, ihre natürlichen Verbreiterungsgebiete in trokkenen und somit ungezieferärmeren Gegenden haben. Der Pferdeschweif kann aber auch als Stimmungsbarometer angesehen werden. Bei Pferden, die stets mit dem Schweife fuchteln, ohne daß es sich dabei um Ungezieferabwehr handelt, ist immer etwas nicht in Ordnung; sie befinden sich in einem anormalen Spannungszustand, in einer Zwangslage. Das Schweifschlagen kann aber auch schon soweit gediehen sein, daß dieses Verhalten als automatenhafte, zwangsartig wiederholte Bewegungsfolge, eben als Stereotypie, zu bewerten ist. Schweiffuchtler sind besonders beim Beschlagen unbeliebt. Auch kann es vorkommen, daß durch das Schweifschlagen die Leine mit der Schweifrübe erfaßt wird und so die normale Verbindung zwischen Fahrer und Tier in Unordnung gerät.

Aus den gleichen entgegenwirkenden Strebungen wie beim Schweifschlagen, nämlich Unbehagen/Fluchtverhinderung, Unmöglichkeit der Umgehung Unbehagen auslösender Faktoren, resultiert das stereotype Kopfschlagen, was meistens bei Zugpferden beobachtet werden kann. Die Gräfin Montgelas (34) berichtet von einem Fall, wo ein Pferd seinem Reiter durch Kopfschlagen das Nasenbein brach. Aus Interlaken berichteten im Jahre 1959 die Zeitungen, ein alter Karrer sei durch ein kopfschlagendes Pferd getroffen worden und so unglücklich zu Boden gefallen, daß er das Leben lassen mußte. Gewiß handelte es sich in diesen beiden Fällen nicht um Abwehrbewegungen; sie sind vom Pferd aus gesehen als unbeabsichtigt zu betrachten.

Ich kenne eine Zuchtstute, die regelmäßig von ihrem Besitzer an die Herbstschau der betreffenden Pferdezuchtgenossenschaft gebracht wird. Das Tier befindet sich in einer sehr guten körperlichen Verfassung. Sobald die Stute von ihrem leicht erregbaren Besitzer, der Anstalten trifft, um sie vor der Kommission vortraben zu lassen, angesprochen wird, gerät sie ebenfalls in Erregung und bringt diese zum Ausdruck, indem sie in rascher Folge die Lippen aufeinander schlägt. Auch während der normalen Arbeitsleistung kann man bei diesem Tier – manchmal in erregter, manchmal in abgeschwächter Form – diese stereotype Handlung beobachten. Alle diese Pferdegewohnheiten werden von den meisten Praktikern als rätselhaft befunden. Im Grunde genommen lassen sie sich leicht erklären, wenn man Roß und Reiter, Roß und Fahrer kennt.

Das stereotype Zungenschlagen oder -spielen des Pferdes hat mit dem Zungenschlagen des Rindes wenig Gemeinsames. Man kann diese Unart, bei dem die Gefahr des Zungenverletzens besteht, öfters als Übersprungsbewegung bei jungen Pferden, die sich in der Dressur befinden, beobachten. Es gibt aber auch Pferde, die dieses Verhalten auch in den späteren Lebensjahren automatenhaft beibehalten.

Das Weben, ein Verhalten, das mit dem Hin- und Herwetzen der Kinder auf der Schulbank zu vergleichen ist, ist die am häufigsten anzutreffende Bewegungsstereotypie bei Hauspferden. Die landläufige Bezeichnung dieser Unart wurde dem Webstuhl entlehnt, wo das Weberschiffchen in eifriger Folge hin und her geschoben wird. Diese Handlungsweise ist niemals eine durch Müßiggang entstandene, lustbetonte Gewohnheit, eine Spielerei, wie dies frühere Autoren annahmen. Wie die übrigen Bewegungsstereotypien ist auch diese Unart der Ausdruck von Erregung, die sich aus einer

Zielstrebigkeit/Verhinderung-Situation ergibt. Der aktivierte Geselligkeits-, Freß-, Geschlechtstrieb usw. ist dabei verhindert, normal abzulaufen. Es erfolgt ein Übersprung in den Fortbewegungstrieb.

Es sind zwei verschiedene Erscheinungsformen des Webens auseinander zu halten:

1. Das stereotype Hin- und Herlaufen im Laufstand oder beim Einlaß der Weide und das sich daraus ergebende Figurenlaufen, wie dies auch bei Wildpferden in Gefangenschaft beobachtet werden kann. Die Wendungen beim Figurenlaufen (kreis-, winkel- und achterförmige Bahnen) sind nicht planlos, sie erfolgen zum Wunschobjekt hin.

2. Das im Stall angebundene Pferd kann nicht hin und her gehen. Zwangsläufig begnügt es sich, unter Mitschwingen der ganzen Vorhand, mit dem Kopf hin- und herzupendeln, wobei das Tier mit den Vorderbeinen, die dann gespreizt gehalten werden, meist «im Takte» hin und her tritt. Dieses Weben an Ort kann so automatenhaft in Erscheinung treten, daß die Tiere, die davon befallen sind, es beibehalten, wenn sie auch in einem Laufstall gebracht werden.

Ein klassisches Beispiel des Webens ist beim Zebroidenpaar im Stuttgarter Zoo zu beobachten. Diese Bastarde wurden der Wilhelma vom Zirkus Krone geschenkt, wo sie angebunden im Stallzelt an Ort webten. Nachdem sie nun seit Jahren in einem großen Gehege des Zoos untergebracht sind, haben sie das Weben an Ort noch nicht abgelegt oder in das Figurenlaufen abgeändert. Immer wieder sieht man beide an ihren besonderen, ausgetretenen Stellen im Gehege dieser Unart huldigen.

Es sind vor allem bestimmte konstitutionelle Typen, besonders nervöse, leicht erregbare Tiere, die für das Weben prädisponiert erscheinen, ferner Tiere, die nur wenig oder gar nicht beschäftigt sind. Je nach der Schwere des Falles kann sich das Weben, unterbrochen von kürzeren oder längeren Pausen, über Viertelstunden oder gar Stunden ausdehnen. Die Nachteile, die daraus erwachsen, sind nicht von großer Bedeutung. Sie bedeuten in erster Linie Energieverschleiß und Schwächung der Sehnen. Beim Figurenlaufen mag es zuweilen zu Kopfverletzungen kommen. Psychologisch gesehen, bedeutet das Weben jedenfalls einen Fingerzeig für unrichtige Haltung.

Bei Rangordnungsuntersuchungen hat Prof. Grzimek (39) festgestellt, daß Hengste, die vom Futtertrog zurückgedrängt waren, anfingen, völlig unbeteiligte Pferde unter den weiter hinten Wartenden zu beißen und zu schlagen. Der genannte Tierforscher beurteilt dieses Verhalten wie folgt: «Man könnte diese ‹Radfahrer-Reaktion› mit der ‹Übersprungsbewegung› in Beziehung bringen, die Tinbergen eingehend untersucht hat. In beiden Fällen handelt es sich um einen starken Affekt, dessen natürliche Entladung durch äußere Umstände gehemmt ist. Bei der Übersprungsbewegung macht sich der Affekt jedoch in einer völlig anderen, diesem Affekt an sich nicht zugeordneten Instinktbewegung, einer Ersatzhandlung Luft (Erdpicken kämpfender Hähne). Bei der ‹Radfahrer-Reaktion› wird die an sich zu diesem Affekt gehörende Instinktbewegung hingegen nicht unterdrückt, sondern an einem falschen, durchaus unbeteiligten Objekt abreagiert.»

Direktor Grzimek hat die in Gänsefüßchen gesetzte Bezeichnung ‹Radfahrer-Reaktion› aus dem Bereiche des homo sapiens entlehnt. Wenn zum Beispiel der Bürofritze Meier auf seinem Lehrling herumtrampelt und sich gegen seine Obrigkeit hin bucklig und speichelleckerig verhält, ist er ein «Radfahrer».

Viele Praktiker halten mit Vorteil stets ein Stück Holz in Griffnähe, worauf sie bissige Pferde beißen lassen, damit sie ihre Beißwut abreagieren können. Es ist auch sehr wohl möglich, daß das chronische Deckenzerreißen aus einer solchen Konfliktstimmung hervorgehen kann.

Ein typisches Beispiel einer «Pferde-Radfahrer-Reaktion» erzählt Seyfert von Tenneker (36): «Mir ist unter anderem ein Hengst vorgekommen, der sich losgerissen hatte, sich auf die Stute eines Bauern, der im Felde arbeitete, stürzte und da dieser mit dem Pferde in ein nahes Gehöft entfloh, unter eine Herde Schafe rannte und wie der Wolf eins davon packte, damit fortlief und es in Stücke zerriß.»

Zuweilen kommt es aber auch vor, daß Pferde ihre Kampfeslust an sich selbst abreagieren. James Fillis (64) berichtet ein treffendes Beispiel: «Das unangenehmste Tier, welchem ich jemals begegnet bin, war ein Hengst, ungebärdig wie nur einer und bissig wie der Teufel. Da es möglich ist, ohne Zuhilfenahme der Schenkel und der Sporen ein Pferd zu dressieren, so mußte ich natürlich auf ein Mittel sinnen, vermöge dessen er sich dieselben gefallen ließ. Während der ersten sechs Wochen ging alles ganz leidlich, da meine Anforderungen nicht sehr groß waren; so wie ich es aber durchsetzen wollte, das Pferd durch den Gebrauch des Sporns zu versammeln, versuchte es, mich in den Schenkel zu beißen, warf sich mit Wucht auf die Knie und indem es in dieser Stellung den Kopf herumwarf, machte es verzweifelte Anstrengungen, meine Füße zu erfassen. Da ich nun, um seinen Zähnen zu entgehen, genötigt war, die Schenkel zurückzulegen, so hatte er insofern gewonnenes Spiel, als es ihm gelang, mich am Gebrauch des Sporens zu verhindern. Ich kam infolgedessen auf den Gedanken, in die Trensenzügel zwei eiserne Stangen, je vierzig Zentimeter lang, hineinarbeiten zu lassen. Da ich auf diese Weise das Tier in die Unmöglichkeit versetzte, den Kopf zu wenden, und da infolgedessen meine Schenkel vor seinen Zähnen sicher waren, so glaubte ich bestimmt, der Sieg wäre mein. Keineswegs! Wütend über seine Ohnmacht, fuhr dieses Satanstier fort, sich auf die Knie zu werfen, und da es die Hoffnung aufgab, mich in die Füße zu beißen, so zerfleischte es sich selbst die Brust. Zuerst bildete ich mir ein, daß es damit aufhören würde, sobald der Schmerz zu groß sein würde. Das fiel ihm jedoch nicht im entferntesten ein, es riß sich große Fetzen Fleisch heraus, und ich zweifle nicht daran, daß das Tier mich einfach zerfleischt haben würde, wenn es ihm in diesem Augenblick gelungen wäre, mich aus dem Sattel zu werfen.»

Bei geilen Hengsten, die auf den Liebestraum verzichten müssen, kann man häufig feststellen, daß diese nach leblosen Gegenständen ihrer Umgebung, aber auch in die eigenen Schultern, Brustpartien und andere den Zähnen erreichbare Körperteile beißen und so ihre Kampfwut an irgend einem Feindsymbol auslassen. Diese objektübertragenen Handlungen sind meistens von Kampfgefühlen geleitet. Gelegentlich können wir sie aber auch bei Tieren beobachten, die von Schmerzen gepeinigt werden.

Eine weitere objektübertragene Handlung eines Einhufers erwähnt Prof. O. Antonius (57): «Ein Onagerhengst war zwei Wärtern gegenüber fast zahm, während andere das Gehege allenfalls mit der Peitsche betreten konnten. Seit der Verfasser (Prof. Antonius) einmal seinen Zorn erregt hatte, biß der Hengst wütend ins Gitter, sobald er ihn nur von ferne sah. Das Verhältnis änderte sich schlagartig, nachdem es dem Verfasser einmal gelungen war, ihn an der Kruppe zu krauen, wozu der Hengst hinfort selber aufforderte. Er erkannte den Menschen in jeder Kleidung, vorwiegend wohl akustisch am Schritt, vielleicht auch an der gesehenen Bewegung.»

Es sind noch einige Verhaltensweisen zu erwähnen, die zwar mit Übersprung weniger zu tun haben, jedoch stets in Konfliktlagen auftreten. Die beiden Hauptformen, den rasenden Koller und die psychische Lähmung, habe ich bereits behandelt. Hyperaktive Pferde äußern meistens in rascher Folge eine Reihe von verschiedenen aktiven Widersetzlichkeiten, die dieselbe Ursache haben: Auf-dem-Zügel-liegen, Beißen, Bocken, Deckenzerreißen, Drängen, Durchgehen, Fluchtversuche an Ort, Hauen, Leinenfangen, Niederlegen, Rückenwölben, Schlagen, Steigen, Verkappen, Zaunspringen, Zügelreißen u.a. Hyperaktive Verhaltensweisen können bei Pferden krankheitsbedingt sein (Gehirnerkrankungen); in den allermeisten Fällen entstehen sie aber in Protestsituationen, bei denen die Flucht durch den Menschen verunmöglicht ist.

Das Tänzeln oder Zackeln, eine Unart, die leicht zu Panikstimmungen führen kann, das Kreuzen im Galopp und andere übereilte und unreine Fortbewegungen fallen ebenfalls in die Kategorie Hyperaktivitäten, die sich in psychischen Konfliktlagen ergeben, wozu meistens Pferde neigen, die sehr schnell in Aufregung geraten. Dies ist beispielsweise besonders dann der Fall, wenn für einen Ausritt Rennpferde und gewöhnliche Reitpferde verwendet werden. Gewissermaßen als Kurzschlußhandlung ist ebenfalls das Sichinsgeschirrwerfen zu bewerten, eine Handlungsweise, die bei stetigen oder überforderten Zugpferden zu Tage tritt und zu Schädigungen an den Beschirrungen führen kann. Auch das Trensenspielen erfolgt nicht immer spielerisch, oft hat es übersprungshafte Betonung. Ferner kann man «futterneididige» Pferde bei der Futteraufnahme beobachten, die in einer regelrechten Konfliktstimmung Kurzfutter (Hafer, Häcksel, Schnitzel usw.) verstreuen; sie fressen in den «Geiz» hinein, wie der Praktiker sagt.

B. LUSTBETONTE VERHALTENSWEISEN

Während das Unbehagen höherer Tiere hinsichtlich der verschiedenen Gefühlsbetonungen in Furcht, Kampf und Schmerz unterschieden werden kann, sind wir bei den lustbetonten Handlungen des Pferdes nicht mehr in der Lage, entsprechende Unterschiede vorzunehmen. Die meisten hier zur Sprache kommenden Unarten sind als Spielerei anzusehen, denen instinktive wie erworbene Gehalte zugrunde liegen. «Spiel entspringt einem anderen Antrieb als das Ernstverhalten, einem allgemeinen, unspezifischen Betätigungsdrang, einer Bereitschaft zum Beschäftigtsein schlechthin», schlußfolgert Frau Prof. Monika Meyer-Holzapfel (65), die sich in neuerer Zeit besonders dem Kriterium des Spiels der Tiere angenommen hat. Zu unterscheiden sind Bewegungs-, Kampf-, Flucht-, Fang-, Freß-, Geschlechts- und individuelle Spiele bei den Tieren.

Spielerische Gebaren

Jeder Pferdehalter kennt den «Stallmut» oder die sogenannte Montagmorgenstimmung seiner Pfleglinge meist aus eigener Erfahrung. Ausgeruhte, gutgenährte Tiere, die sich zumeist in loser Führung befinden, neigen zu spontanen Bewegungsäußerungen, die sich zuweilen in der Mensch/Pferd-Beziehung verhängnisvoll auswirken können. Als Beispiel will ich einen Fall, der im Jahre 1957 von der «Schweizerischen Juristen-Zeitung» publiziert wurde, in Betracht ziehen. Der Tatbestand war folgender: Der Pferdehalter E. wollte seine zwei Pferde am Brunnen, der sich im Freien befand, tränken. Zu diesem Zwecke führte er das zweijährige Tier an der Halfter zum Stall hinaus und rief draußen vor der Stalltür dem vorher losgebundenen zweiten Pferd, das er dann ebenfalls mit dem ersteren zusammen an den Brunnen führen wollte. Das gerufene Pferd, das den ganzen Sonntag über im Stall gestanden war, stürzte aber im Sprunge zum Stall hinaus, trabte in die Hofstatt, machte einige Sprünge, glitt auf dem Boden aus, erhob sich wieder und trabte zur

Hauptstraße, wo es mit einem Auto kollidierte und sich dabei so schwer verletzte, daß es abgetan werden mußte. Auch der Wagen wurde derart hergenommen, daß er nur noch als Altmaterial Verwendung fand.

Gemäß Art. 56 des Obligationenrechtes haftet für den von einem Tier angerichteten Schaden, wer dasselbe hält, wenn er nicht nachweisen kann, daß er alle nach den Umständen gebotene Sorgfalt in der Verwahrung und Beaufsichtigung angewendet hat, oder daß der Schaden auch bei dieser Sorgfalt eingetreten wäre. Nun mußte der Pferdehalter im obigen Falle vier Fünftel des Schadens tragen, da er die Pferde hätte gesondert tränken oder das zweite Pferd an einem Handzügel zum Brunnen führen sollen.

Beim jungen Fohlen reifen mit dem gemeinsamen Tummeln auf der Weide lebenswichtige Verhaltensweisen aus, und für die erwachsenen Tiere gilt das Spiel als «Muskeltraining». Für die wildlebenden Einhufer oder für die Fohlen auf der Weide bedeutet ja dieses Gebaren gerade das Gegenteil von dem, was wir Menschen als Unart betrachten, nämlich etwa soviel wie das morgendliche Frühturnen für die Truppe oder der turnerische Vorunterricht für die angehenden Rekruten.

Das Auskeilen, das Steigen, das Aushauen beim Steigen, das Davongaloppieren, das Bocken usw. sind notwendige Lebensäußerungen der Wildpferde, die im Jugendalter eifrig geübt werden. Jahrtausendalte Hausbarmachung konnte diesen Äußerungen nicht viel antun; sie sind es ja gerade, was das Pferd zum Pferd macht.

Es handelt sich also bei den Auslösern dieser spontanen Bewegungsformen nicht, wie etwa beim aktiven Scheugebaren, um Außenreize, die mittels der Sinnesorgane von den Tieren aufgenommen werden, sondern es sind innengesteuerte Einflüsse, die zu diesen Stimmungen führen. Die ausgeruhte und wohlgenährte Kondition der Pferde, der

Überschuß an Energie, bildet die Auslöser zu diesen Handlungen. In der Praxis läßt es sich nicht immer leicht differenzieren, ob bestimmte «Montagmorgenmanieren» noch spontan erfolgen, oder ob es sich dabei bereits um Scheuhandlungen handelt; denn spontane Verhaltensweisen sind vielfach Vorläufer von unlusterfülltem Scheuen. Das übermütige Hauspferd lebt während einer solchen Situation in einer maximalen Aktivität, in der seine natürlichen, von den wilden Vorfahren ererbten und von der Domestikation verdeckten Instinkte sehr leicht wieder zum Durchbruch kommen können. Der Unterschied liegt in der Stimmungsdifferenzierung. Innengesteuerte Bewegungsformen, die als Unarten des Pferdes bezeichnet werden können, wie spontanes Durchgehen, Luftschlagen, Bocken, Steigen, Niederlegen u.a. sind für das Tier stets lustbetont, während aktives Scheuen an Angst bzw. an Furcht gebunden und somit unlustbetont ist.

Auch das Zaunspringen mag lustbetont als Bewegungsspiel in Erscheinung treten. In der Wildnis geht ja das Umhertollen der Huftiere oft über Stock und Stein und Gräben. Bei irischen Züchtern müssen die Fohlen mancherorts täglich, um auf die Weide gelangen zu können, einige künstlich angebrachte Hindernisse nehmen, und leicht kann so eine Gymnastikübung ins spätere Lebensalter mitgenommen werden. Dr. Ed. Häberlin, Müllheim, besaß ein Fohlen, das am dritten Lebenstag schon über Zaunlatten setzte. Halbjährig sprang das Pferdchen, ohne getrieben zu werden, 1,5 Meter (Schweizer Kavallerist, Nr. 1, 1955). Dies tat auch des damaligen Oblt. Musy großartiger «Salam» in einer Münchner Rennbahnkoppel aus purem Vergnügen und ohne, daß man es ihm angelernt hätte (Schweizer Kavallerist, Nr. 7, 1957).

In Zirkusunternehmen kommt es immer wieder vor, daß Hengste, die beim Sattelplatz auf den Einlaß zur Manege warten müssen, spielerisch aufeinander aufspringen. Auch auf der Koppel kann man gelegentlich beobachten, wie Junghengste, die noch lange nicht deckfähig sind, ohne auszuschachten, auf ihre Mutterstuten aufreiten und dabei überraschend die Gebärden erfahrener Hengste zeigen.

Von der Rechtsordnung wird das Pferd als lebendes Geschöpf anerkannt und auch geschützt. Wenigstens stehen auf dem Papier gewisse Gesetzesbestimmungen betreffend Tierquälereien, die Mißhandlungen und Vernachlässigungen von Pferden verbieten. Noch nie wurde aber ein Pferdeschinder gesetzlich gemaßregelt, der sein ihm anvertrautes Tier wahren Seelentorturen, nämlich dem obligatorischen Müßiggang, aussetzte. Das Element des Pferdes ist Bewegung, und es muß täglich je nach Zustand mindestens drei bis sechs Stunden Arbeit leisten oder als Ersatz sich im Freien, im Auslauf oder noch besser auf der Weide aufhalten können. Außer Tierquälerei ist das dauernde Angebundensein des Pferdes, das dauernde Im-Stalle-stehen, Ursache verschiedener psychogener Fehler.

Nach getaner Arbeit ist beim Maultier das Wälzen im trockenen Sande oft das größere Bedürfnis als die Futteraufnahme. Das Pferd, das am Montagmorgen aus lauter Freude am «Wohlstand» beim Anspannen sich niederlegt und sich wälzen will, oder das andere Zeichen des Wohlbefindens zeigt, kann sich selbst so leicht Schaden zufügen. Als Knirps konnte ich einst auf einer Weide mitansehen, wie ein Pferdebetreuer von einem spontan auskeilenden Pferde – vom Pferde aus gesehen gewiß unabsichtlich – schwer getroffen wurde. Lange Zeit danach betrachtete ich die Pferde gewissermaßen als Untiere. Der Reiter nennt das Verhalten seines Pferdes, das nach längerer Untätigkeit geritten wird, zu allerhand unerwünschten Handlungen aufgelegt ist, immer schneller geht, schließlich zu drängen anfängt und gar steigt und bockt, «Bummelwitz». Diese «Montagmorgenstimmungen» wirken ansteckend, d.h. diese Verhaltensweisen sind leicht auf die übrigen Artgenossen übertragbar, was besonders in den Reitschulen in Form von eigentlichen «Reitbahnrevolutionen» zu Tage tritt.

Individuelle Spielhandlungen

Spiel setzt eine gewisse Stimmung voraus. Das Pferd spielt nicht jederzeit. Wenn es im Gebrauch steht, wenn es ruht, schläft, frißt, trinkt oder wenn eine Bereitschaft zur Erreichung eines anderen Instinktzieles vorliegt, stellt sich das Spiel nicht ein. Voraussetzung für spielerische Handlungen ist vor allem Beschäftigungsleere. Aus dem Beschäftigungsbedürfnis heraus wählt und wiederholt das im Stalle angebundene Pferd diejenigen Tätigkeiten, die ihm den größtmöglichsten Reiz, gewissermaßen die beste Unterhaltung, bieten.

Die Menschheit hat aus dem Wildpferd, also aus dem gesellig lebenden, fliehenden Pflanzenfresser einen dürrfutterfressenden Höhlenbewohner gemacht, der bei manchem Halter keinen Hupfer mehr machen darf. Wir brauchen uns nicht zu verwundern, wenn nun die Langeweile als Nährboden für verschiedene psychische Fehler Oberhand gewinnt, wenn so ein Gebrauchspferd, das öfters längere Zeit im halbdunkeln Stall angebunden und so zur Untätigkeit verurteilt ist, gewohnheitsmäßig wiederkehrende Bewegungen ausführt, die dem Tier selbst oder dem Besitzer und den anderen Stallinsassen zum Schaden gereichen. Das Allheilmittel bzw. das vorbeugende Mittel gegen diese Handlungsweisen ist die regelmäßige Beschäftigung. Zutreffend gilt auch hier das Sprichwort: «Müßiggang ist aller Laster Anfang.» Strafe hat meistens negative Wirkung, denn dem gewaltsamen Verdrängen einer dieser Unarten folgt vielfach eine andere.

Einige dieser Spielereien der Pferde werden mit dem Gebiß ausgeführt, und somit wäre eigentlich der Maulkorb das geeignete Abhilfemittel, so auch gegen das bereits wiederholt erwähnte Deckenzerreißen. Es gibt Pferde, die bei jeder Gelegenheit aus reiner Spielerei dieser Unart frönen und so den Besitzern große Kosten verursachen. Gegen dieses Übel wendet der Praktiker vielfach den sogenannten Deckenzerreißerstab an. Dieses einfache Instrument wird zwischen Halfter und Gurt eingesetzt, so daß das Pferd verhindert ist, mit dem Kopf nach hinten zu gelangen.

Trotz straff angezogenem Kehlriemen streifen oft Pferde mit viel Geschick die Halftern ab. Das Resultat sind meistens Schlägereien und Beißereien mit den übrigen Stallgenossen oder Überfütterungsschäden, wenn solche Ausreißer beispielsweise an die offene Haferkiste gelangen können. Das Einbinden der Halfter in die Mähnenhaare schafft hier Abhilfe. Halfterabstreifen, um zu Futtervorräten zu gelangen, ist beim Pferd nicht als einsichtiges Handeln, sondern als Erfahrungssache zu bewerten, ist schlichtes Verwerten von Gedächtnisinhalten, wozu auch ein niedereres Lebewesen befähigt ist. Ich kannte ein Zirkuspferd, das sich gewiß leicht von der Halfter hätte befreien können. Nacht für Nacht streifte dieses Pferd den Stirnriemen spielerisch über die Ohren und den Nasenriemen über die Nase und unten am Maule durch, so daß dann der Kehlriemen die Funktion eines Halsriemens übernahm.

Im Hengstendepot in Avenches lernte ich ein Pferd kennen, das stets bei Abwesenheit von menschlichen Zuschauern einem sonderbaren, gewohnheitsmäßigen Langeweile-Verhalten frönte. Für die Anbindevorrichtung werden in diesem Betrieb Ketten verwendet. Diese Ketten laufen durch an den Krippenwänden horizontal angebrachte Ringe und sind an den Enden mit Holzklötzen versehen. Das besagte Pferd faßte nun das Gewichtstück und führte dieses jeweils mit dem Gebiß am Kettenteil, der vom Krippenring bis zur Halfter reicht, fünf bis zehnmal um die Kette herum. Auf jeder Runde hatte der Nachtwächter das Vergnügen, den Gewichtstein eben fünf- bis zehnmal wieder zurückzuwickeln. Die Anbindevorrichtung war somit bei diesem Pferde jedesmal bedeutend verkürzt, und in dieser Situation hätte sich das Pferd bei einem Schreckerlebnis bedenklichen Schaden zufügen können. Außerdem bedeuten diese lustbetonten Bewegungsstereotypien nicht nur allgemeine Stallunruhe, es geht dabei auch um die Ruhe des betreffenden Pferdes selbst.

Gelegentlich sind Pferde anzutreffen, die zur Unterhaltung mit der Trense spielen. Nach Prof. Wirth (7) soll es auch Pferde geben, die spielerisch mit den Zähnen klappern.

Eine verhältnismäßig häufig anzutreffende Unart dieser Gruppe ist das Nagen an Holz, das weniger auf Hunger, vielmehr aber auf Langeweile, auf Bewegungsmangel zurückzuführen ist, da ja das abgenagte Holz nur teilweise aufgenommen wird und somit die Lustbetonung auf der dementsprechenden Bewegung, der Tätigkeit mit dem Gebiß, und nicht auf dem Fressen liegt. Zwar liegt das Nagen, wie die meisten anderen in diesem Kapitel behandelten Unarten, unter dem Verdacht, unlustbetont (infolge von Zielstrebigkeit/Verhinderung-Situation) zustandezukommen. Das Nagen wird bei Pferden in allen Altersstufen festgestellt. Auch auf der Fohlenweide nämlich, wo den Tieren weitgehend natürliche Bedingungen geboten sind – ich denke an das Bewegungsspiel – kann man diese Unart beobachten, und zwar wirkt das Nagen dort ansteckend. Die Zaunlatten werden deshalb auf den Fohlenweiden mit übelriechenden Massen bestrichen. Es ist denkbar, daß Fohlen, die auf den Einlaß zum Stall warten, ihre Ungeduld mit Nagen an den Zaunlatten abreagieren. Die häufigsten Nagestellen sind ja auch bei Ein- und Durchlässen der Weiden festzustellen.

Dasselbe wie beim Holznagen gilt auch für das Nagen und Kauen an Leder, Textilien und anderen Materialien, oder gar das Abnagen der eigenen Haare und Hautteile (Aderbeißen) oder von Haaren und Hautteilen von Artgenossen, im besonderen der eigenen Fohlen. Doch mag dieses Verhalten auch auf gewisse Stoffmängel, in der Mehrzahl der Fälle aber bestimmt auf den Mangel an nützlicher Bewegung zurückzuführen sein.

Bei lang andauerndem Futtermangel, beispielsweise in früheren russischen Zuchten zu Winterszeiten, wie aus dem Reiseschrifttum bekannt ist, nagten Pferde einander sämtliche Schweif- und Mähnenhaare ab und fraßen sie, obwohl diese gewiß nicht sättigten. Drei Körperstellen, die Hinterfläche der Keulen, den Schwanzansatz und die Mähne kann das freilebende Pferd weder mit dem Gebiß noch mit den Hufspitzen pflegen. Zur Pflege der ersten beiden Körperteile bedient sich der Einhufer eines Scheuergegenstandes. Schwieriger wird es mit der oft von Parasiten bewohnten Mähne. Hier greift die «soziale Hautpflege» ein. Das gegenseitige Beknabbern, vornehmlich an den Widerristgegenden der Pferde, das man sozusagen in allen Beziehungen unter Pferden feststellen kann, ist als Akt der Zuneigung zu bewerten. Wir finden solche Bezeugungen bei allen Arten, die sozialen Gesetzmäßigkeiten unterstehen. Die Zuneigung eines Pferdes kann ja oft mittels Kraulen am Schweifansatz und an der Mähnengegend viel rascher und andauernder erworben werden als mit der Verabreichung von Leckerbissen. Sämtliche wilden Einhuferarten betreiben soziale Haut- und Haarpflege. Sie rupfen sich wechselseitig die locker gewordenen Haare aus. Daher die aufrechtstehenden Mähnen der echten Wildpferde. Die Domestikation tat diesem Pflegetrieb bedeutend Abbruch. Auch bei Hauspferden, die gemeinsamen Weidgang genießen, wechseln Mähnen- und Schweifhaare nur in großen Zeitabständen, so daß die Mähnenhaare zu üppig wachsen, um sich aufrecht halten zu können. Die aufrechtstehenden Mähnenhaare der Neo-Tarpane im Münchner Zoo werden von Menschenhand zurecht gestutzt.

Die meisten Säugetiere machen in ihren ersten Lebensminuten Bekanntschaft mit dem Lecken. Sie werden eifrig von den Müttern trocken geleckt. Jedoch bei den Einhufern wird das Lecken und Massieren der Neugeborenen nur andeutungsweise ausgeführt. Das Lecken an Krippen, Anbindketten, Wänden, Deichseln, Kleidern und anderen Gegenständen kann, wie im vermehrten Ausmaß bei Rindern, auch bei den Einhufern die Folge von gewissen Mängeln an Mineralien und anderen lebenswichtigen Stoffen sein, aber sicherlich auch der Unterhaltung der untätigen Tiere dienen. Diese Unart wird durch Zuckerfütterung, indem Zucker überall an den Krippen und Wänden kleben bleibt, begünstigt. Das Lecken an Hautteilen des Betreuers, besonders an dessen Händen, ist meistens als Bettelbewegung anzusehen.

Besonders konstruiert, nämlich mit Querstäben versehen, muß die Futterkrippe in dem Stande sein, wo ein chronischer Haferausstreuer steht. Diese Unart verursacht Futterverschwendung und mag als eine Alterserscheinung, in gewissen Fällen ein Verhalten, das in Zeiten der Untätigkeit oder bei Appetitmangel spielerisch angewöhnt und dann automatisiert wurde, zu beurteilen sein, oder es liegen möglicherweise Übersprungsbewegungen als Ursache vor (Futterneid).

Die Stände und Boxen der Hengstenstation in Avenches sind mit Tränkeautomaten versehen. Diese luxuriösen Einrichtungen werden von einzelnen Tieren als Unterhaltungsobjekte benützt, indem die Hengste mit dem Gebiß oder den Lippen und der Zunge immer wieder auf die Klappen drükken, sich an dem einströmenden Wasser im eigentlichen Sinne des Wortes belustigen und Überschwemmungen anrichten würden, wenn die Wärter nach der Fütterung nicht darauf bedacht wären, die Zuleitungshähnen abzustellen.

Der sich langweilende Stallbewohner empfindet nicht nur allein an stets wiederkehrenden Bewegungen Gefallen, er freut sich offenbar auch an den Geräuschen, die dabei entstehen. So beim Kettenrasseln, beim Standwandschlagen, beim Krippenwetzen und beim Speichelschlürfen in der Krippe. Dem Kettenrasseln kann abgeholfen werden, indem anstelle der Kette ein solider Strick oder Lederriemen angebracht wird. Durch Mark und Bein mag es dem Betrachter gehen, der einem chronischen Krippenwetzer zuhört und zusieht. Zementierte, metallene oder steinerne Krippen, an denen solche Tiere mit dem geschlossenen Gebiß hin und her fahren, müssen entfernt werden, da die Zähne mißgestaltet werden. In jedem größeren Stall findet man Spuren von Standwandschlägern. Aus dieser Unart können Schäden in den Sprunggelenken, an den Hufen und besonders an den Beschlägen entstehen. Werden die Standwände gepolstert, so klingt diese lustbetonte Unart meistens ab. Ein findiger Kopf erfand gegen das Schlagen an die Wände und Pfeiler die sogenannte Schlagkugel. Diese ca. ein Kilogramm schwere Kugel wird an einem dreißig Zentimeter langen Riemen oben am Sprunggelenk des Schlagbeines angebracht, so daß sie auf die vordere Fläche des Schienbeines zu liegen kommt und dem Pferd so das Schlagen verunmöglicht. Ein ähnliches, über Instinktspiele hinaus gehendes Spiel, beobachtete der Zugvogelforscher Prof. F. Sauer an Grasmücken, an kaum zwanzig Gramm schweren Singvögeln, die aus lauter Spaß am Klirren immer wieder Steinchen in eine leere Futterschale fallen ließen. Die Vögelchen folgten der in eine andere Ecke des Geheges gestellten Schale und ließen erneut durch Steinbombardemente das Glas klirren. Holzstückchen lehnten diese Gefiederten ab, da diese kein Klirren erzeugten.

Das Scheuern der Augenbögen, Mähnen, Fesseln und Schweifansätze wird meistens durch Hautkrankheiten, Unreinheiten oder Ungezieferbefall verursacht. Es ist aber denkbar, daß diese Unart als eine lustbetonte, spielerische Handlung auftreten kann, da sich ja in vielen Fällen bei scheuernden Tieren keine Spur von Unreinheiten oder Parasiten finden läßt. Gegen das Augenbogenscheuern sind Halftern mit besonderen Abschirmvorrichtungen im Gebrauch. Prof. Ernst Frauchiger (34) erwähnt das Scheuern unter Sensibilitätsstörungen: «Unter Parästhesien versteht man abnorme Empfindungen in der Haut, die als Ameisenlaufen, Kribbeln, taubes Gefühl, Pelzigsein imponieren. Es ist anzunehmen, daß Parästhesien auch bei Tieren vorkommen; wie anders wären denn Erscheinungen zu interpretieren, wo Tiere sich eine Stelle dauernd lecken, scheuern oder wundreiben, wenn dabei nach den heutigen Untersuchungsmöglichkeiten keine Veränderungen der Haut oder der Nerven nachzuweisen sind.»

Not, in unserem Falle befohlener Müßiggang, macht auch Pferde erfinderisch. Viele verfallen der Gewohnheit, mit Luft zu spielen. Das spielerische Luft- und Speichelschlukken, das Luftblasen durch die zusammengepreßten Lippen und das Backenaufblähen, sind weit harmlosere und verhältnismäßig seltener anzutreffende Unarten als das Koppen der Pferde. Bei Malkmus/Oppermann (22) finden wir folgende Definition dieses fehlerhaften Verhaltens: «Das Koppen ist eine Unart des Pferdes, bei der es durch eine gewaltsame Öffnung des Schlundkopfes unter hörbarem Geräusche Luft in denselben eintreten läßt, indem es den Kopf nach vorn fixiert und den Kehlkopf nach unten zieht.»

Prof. Wirth (7) vermutet, daß der diese Unart charakterisierende Kopperton auch beim Wiederaustreten der Luft aus dem Schlundkopf entstehen kann. Es sind zwei verschiedene Arten von Koppen auseinander zu halten: Das Aufsetzkoppen und das weniger häufig anzutreffende Freikoppen. Ein Aufsetzkopper setzt, um die notwendige Fixierung zustande zu bringen, mit dem Gebiß am Krippenrand oder an einem anderen Gegenstand auf. Solche Tiere haben deshalb abgenützte Schneidezähne. Freikopper sind Künstler, die die Fixierung mit schleudernden Kopfbewegungen fertig bringen, ohne aufzusetzen. Vorwiegend lebhafte, leistungsfähige und untätige Pferde nehmen dieses Übel an, das in verschiedenen Graden, von zeitweiligem Frönen bis zur Automatisierung des Bewegungsvorganges, bis zum Übermaß ausgeübt wird. Es gibt Kopper, die mit diesem Gebaren aufhören, wenn sie beobachtet werden; andere sind von dieser Handlung so sehr eingenommen, daß sie weiter koppen, wenn man sie am Kehlkopf berührt. Folgen des Koppens sind: Futterverschleiß, Stallunruhe, Verzögerung der Futteraufnahme, Abmagerung, Gebißverunstaltung, Nachahmungsgefahr. Unbefriedigtes Aktivitätsbedürfnis wird allgemein als Ursache angenommen. Verschiedene Autoren, nach Stang und Wirth (7) sollen es vorwiegend Franzosen sein, behaupten, daß das Koppen die Folge einer neuropathischen Konstitution sei, das das Luftschlucken in menschlichen Bereichen (Aerophagie) zur Parallele hat, doch fehlt meines Wissens bis heute der wissenschaftliche Beweis dafür. Ich habe selbst manche Stunden, zu allen Tages- und Nachtzeiten, vor und während der verschiedensten Situationen koppende Pferde beobachtet. Trotzdem bin ich nicht in der Lage, den Beweis zu erbringen, ob dieses Übel im Spiel seinen Ursprung hat, oder ob es aus Stimmungskonflikten hervorgeht. Ich möchte hiermit alle jene, die Gelegenheit haben, junge Pferde, bei denen das Koppen erstmals in Erscheinung tritt, zu beobachten, ersuchen, ihr Augenmerk auf die Entstehungsursache zu richten.

Es ist zu sagen, daß nicht alle koppenden Pferde übermäßig Luft schlucken, wie dies luftschluckende Menschen unbewußt infolge von Sorgen und Nöten tun. Aufblähungen und Kolikerscheinungen treten auch bei den mit höherem Grade befallenen Koppern verhältnismäßig selten auf. Ich habe bereits verschiedene andere, in diesem Abschnitt behandelte Verhaltensweisen unter denselben Verdacht gestellt, und auf Grund von mir wichtig erscheinenden Verdachtsmomenten und auch von Beobachtungen halte ich es ebenfalls für möglich, daß das Koppen des Pferdes übersprunghaft, infolge von Affektstauungen in einer Zielstrebigkeit/Verhinderung-Situation, entstehen kann. Pferde mögen ihre Ungeduld, ihre Erregung, die durch zwei entgegenwirkende Strebungen, wie z. B.

Futter, Artgenossen, Weide, Bewegung	–	Angebundensein, Abtrennung
	oder	
Bevorstehende unlusterfüllte Leistungen	–	Fluchtverhinderung

zustande kommen, damit abreagieren, indem sie zu koppen beginnen.

Jedes Koppverhalten, wenn es auch nur gelegentlich vorkommt, wird nämlich von sichtlicher Erregung begleitet. In der Literatur sind verschiedentlich Fälle beschrieben, in denen Pferde nur bei gewissen Besitzern, also in bestimmter Umgebung, zu koppen anfingen, was schon zu allerhand Gerichtssachen führte. Davon wissen die Tierarzt-Experten und besonders die Pferdehändler zu berichten. Ferner habe ich wiederholt im Militärdienst die Beobachtung gemacht, daß Bundestrainpferde, die im Besitze der Trainsoldaten sind und alljährlich mit diesen einen dreiwöchigen Wiederholungskurs zu absolvieren haben, jeweils im Militärdienst, wo sie gewiß genügend Bewegung hatten, wieder mit dieser Unart anfingen. Man muß wissen, daß der Pferdebestand einer Traineinheit sich mehrheitlich aus Lieferantenpferden, die das ganze Jahr über von Truppe zu Truppe geschoben werden, und eben aus einem kleineren Restbestand von Pferden, die Trainsoldaten gehören, zusammengesetzt ist. Die letzteren sind Bauernpferde, die zu Hause eine ganz andere Arbeit leisten müssen als im Militärdienst, wo sie einen im Vergleich mit den Ausrüstungen ausländischer Armeen viel zu schweren Bastsattel verpaßt bekommen und wo sie dann unter ganz anderen Bedingungen im abwegigen Gebirge Saumdienst verrichten müssen.

Gegen das Koppen behelfen sich die Praktiker mit verschiedenen Mitteln. Ein Roßhändlertrick besteht darin, dem koppenden Pferde eine schmerzerregende Zungenverwundung beizubringen oder ein Keilchen, bestehend aus Metall oder Holz, zwischen die Zähne zu treiben. Diese Tortur soll auch bei chronischen Zungenstreckern angewandt worden sein. Mittels der sogenannten Kopprӧhre, einer mit Löchern versehenen Röhre, die als Gebißstück verwendet wird, gelingt es, manchen Tieren das Koppen abzugewöhnen. Häufig sind Koppriemen im Gebrauch, die so angelegt werden, daß der Kehlkopf nach unten gedrückt und somit das zum Koppen notwendige Öffnen des Schlundkopfes verunmöglicht wird. Zufriedenstellende Resultate ergeben sich mit den Kopperoperationen, bei denen die beim Koppakte tätigen Halsmuskeln durchschnitten, also gelähmt werden.

Haltungsstereotypien

Beim Schildern oder Kronentreten stellt das Pferd den einen Huf der hinteren Extremitäten auf die Krone des andern, um das Gewicht des einen Gliedes entlasten zu können, und bildet somit einen Schild, allerdings einen verhängnisvollen Schild, der infolge von Schreckereignissen bei mit Stollen und Griffen versehenen Pferden Kronentritte, Hornspalten, Hornklüfte oder gar Niederstürzen verursachen kann. Diese Gewohnheit konnte ich auch bei einem Grantzebra im Mailänder Zoo beobachten. Viele Schilderer äußern diese Unart nicht so deutlich wie oben beschrieben; sie begnügen sich damit, das entlastete Glied mehr oder weniger unter den Leib oder vor den anderen Huf zu stellen. Tritt das Kronentreten plötzlich auf, ist Vorsicht geboten; es kann dies ein Anzeichen einer Hufentzündung oder eines anderen Schadens sein. Der Pferdehalter behilft sich bei chronischen Kronentretern mit Schutzvorrichtungen aus Leder, Gummi oder anderen Materialien, die um die Fesseln angelegt werden und über die Hufe herunterhängen.

Besonders in Ställen mit doppelten Standreihen muß dem Zurücktreten aus dem Stande Einhalt geboten werden. Dieses Verhalten kann sich in einer solchen Situation für die übrigen Stallbewohner und auch für die Wartung oder für das Pferd selbst verhängnisvoll auswirken. Vermutlich wird das gewohnheitsmäßige Zurücktreten aus dem Stande dadurch verursacht, daß dieses Verhalten für das Pferd eine Gewichtsverlagerung bzw. eine Erleichterung der Vorhand darstellt. Nach mühevollen Märschen im Militärdienst stehen die «Eidgenossen» während des Dösens oder Schlafens vielfach in den niedrigen Stallgraben oder Stallgang zurück. Der Praktiker verwendet gegen diese unangebrachte Gewohnheit besondere Halftern mit Schlingen, die beim Zurücktreten Schmerzen auf dem Nasenrücken oder am Unterkiefer des Pferdes verursachen. Nützlich ist das Unterbringen der Pferde in Laufboxen, und von Wichtigkeit ist die Geräumigkeit der Ställe und besonders der Stände. Das Anbringen von Querstangen hinten an den Ständen ist nicht immer angebracht, da die Pferde sich daran oft scheuern, ja sogar darauf sitzen oder sich beim Aufstehen schädigen. Zurücktreten aus dem Stande kann für das Pferd aber auch unlustbetont sein, nämlich wenn diese Unart z. B. die Folge eines Schreckerlebnisses ist. Ein mir bekannter Pferdehalter behauptet, einst einen Wallach besessen zu haben, der regelmäßig zum Urinieren im Stande zurücktrat und damit die Beschmutzung seiner Streue verhütete.

Da und dort trifft man besonders ältere Pferde schwereren Schlages, die während der Fortbewegung, häufiger aber in Ruhestellung, die Zunge nach vorn oder gar seitwärts aus dem Maule strecken, was ebenfalls wie beim Kronentreten zu Verwundungen führen kann. Diesem Übel liegt vielfach eine Lähmung, die von unzweckmäßiger Zäumung herstammt, zugrunde, kann gewiß aber auch in einzelnen Fällen als Alterserscheinung oder als Gewohnheitshandlung, oder auch als Verhalten infolge anatomischer Schwächen beurteilt werden. Auf das Zungenstrecken als Schmerzäußerung habe ich im betreffenden Kapitel hingewiesen. Waldemar Seunig (66) ist der Ansicht, daß das Zungenstrecken auch ein Erbfehler sein kann. Zungenstrecker werden mit sogenannten Zungenstreckergebissen gezäumt, die diese Unart verunmöglichen, oder die Zungen werden mit besonderen Säckchen und Bändern in der normalen Lage gehalten.

Onanie der Hengste

Bei Stieren, Hengsten, Ziegenböcken, Rüden, Rammlern, männlichen Schildkröten, häufiger bei Affen kann man gelegentlich die geschlechtliche Selbstbefriedigung beobachten. Wie mir Dr. P. Egli, der Chefpferdarzt des Eidg. Hengsten- und Fohlendepots in Avenches, mitteilte, hat man die Onanie der Hengste im Depot noch nie feststellen können. Jedoch in der Literatur sind verschiedene solche Fälle, zum Teil mit exzessivem Ausmaß, behandelt. Im Buche von Graf. C. G. Wrangel (55) sind nicht weniger als vier Abbildungen von onanieverhindernden Apparaten wiedergegeben. Der Genannte äußert sich zu diesem Verhalten: «Mit Bezug auf die unter den Hengsten stark verbreitete Onanie, bin ich der Ansicht, daß man diese üble Gewohnheit keineswegs so leicht nehmen sollte, wie es die Mehrzahl unserer Gestütsbeamten zu tun pflegt. Kann doch jenes Übel, wenn es auch anfangs kaum merkbare Störungen hervorruft, allmählich zur vollständigen Entwertung des betreffenden Vatertieres führen. Aus diesem Grunde hat man denn auch speziell in Amerika mehrere Vorrichtungen erfunden, die als wirksame Mittel gegen die Onanie der Pferde bezeichnet werden können.»

Dr. Carl Hutschenreiter (6), der an die 50 Jahre die Pferde der Wiener Rennbahn Freudenau betreute, ist gegen diese onanieverhindernden Apparate und verurteilt sie als Marterinstrumente. Aber gerade bei Rennhengsten, bei denen das Training intensive Haferfütterung verlangt und die auf den Bahnen auch mit Stuten zusammenkommen und außer dem Training und dem Rennen in Einzelboxen von der Außenwelt abgeschlossen sind, macht sich dieser Fehler bemerkbar. Matte, müde Erscheinung, Pulsverlangsamung, Rückgang im Nährzustand, Schweißausbrüche und Schwächezustände der Nachhand führt der genannte Autor als Folgen der Onanie bei Hengsten an. Im weiteren erwähnt er einen fünfjährigen Vollbluthengst als Sonderfall, der die Selbstbefriedigung nicht wie üblich durch Schlagen mit dem Penis gegen den Bauch oder durch Hin- und Herschieben desselben in der Vorhaut ausführte, sondern durch Saugen an der Eichel des erigierten Penis. Es ist einleuchtend, daß mit Zwangsmitteln gegen die Onanie die Geschlechtslust des Hengstes nicht herabgemindert werden kann. Die Anwendung von verhindernden Apparaten kann gewiß manchmal zu schweren psychischen Fehlern führen. Bei solchen Problemen behilft sich der Tierhalter heute mit beruhigenden Drogen, die aber vorteilhaft vom sachkundigen Tierarzt verschrieben werden.

Wie Dr. Hutschenreiter ausführt, ist je nach der mehr oder weniger stark ausgeprägten Hengstennatur die Onanie von Aufregungszuständen begleitet. Man kann deshalb dieses Übel nicht ohne weiteres unter das Spiel einordnen. Onanie entspringt nicht einem unspezifischen Drang, sondern dem Geschlechtstrieb. Möglicherweise aber kann sich der Hengst auch zur Unterhaltung sexuell selbstbefriedigen, die Onanie kann zur Gewohnheit werden.

Daß die Onanie bei Pferden nicht ein Produkt jahrtausendalter Domestikation ist, beweist das Verhalten des Hartmann-Zebrahengstes vom Zürcher Zoo. Auf dem Zürichberg ist man in der glücklichen Lage, neben einer ansehnlichen Chapmann-Zebraherde einen Stamm dieser seltenen und kostbaren Tigerpferde zu besitzen. Die Stute «Meise» kam im Februar 1959, der Hengst «Cäsar» im Juli 1960 und die Stute «Flora» im Mai 1962 zu uns in den Zoo. Obwohl die Stute «Meise» wiederholt hitzig war und in ihrem Brunstverhalten oftmals geradezu unter den Hengst kroch, um ihn zum Sprunge aufzufordern, wollte der letztere einfach nicht richtig springen. Er begnügte sich die ganze Zeit mit dem lästigen Onanieren. Ein Absamen konnte dabei einwandfrei festgestellt werden. Das Zebrapaar bekämpfte einander nie ernsthaft; doch mußten offenbar gewisse Abneigungen vorliegen, die den Hengst davon zurückhielten, zur Fortpflanzung zu schreiten. Die Stute «Flora» wurde vorerst separat gehalten, und sie wurde am fünften Tage rössig. Diese Gelegenheit benützte man, um den Neuankömmling den beiden andern zuzugesellen. Das Zusammengewöhnen verlief erfolgreich. Streitigkeiten gab es keine. Der Hengst interessierte sich lebhaft für die neue Stute und trieb sie im Gehege herum. Jedoch samte der Hengst vorerst onanierend, in kauernder Stellung ab. Am gleichen Tag erfolgte dann aber noch eine richtige Paarung. Nach einigen Tagen war die Brunst abgeklungen. Während dieser Zeit deckte der Hengst wiederholt die Stute, und Onanie konnte nicht mehr festgestellt werden.

Unerwünschte Lautäußerungen

Das Wiehern, die charakteristische Lautgebung des Pferdes, bedeutet Ausdruck von lustbetonten Gefühlslagen. Pferde wiehern, wenn sie einander wahrnehmen; aber auch beim Wiedersehen mit ehemaligen Betreuern wird gewiehert, oder beim Verabreichen von Futter. Die Mähre ruft mit dieser Lautäußerung ihrem Fohlen. Im Militärdienst kann man gelegentlich beobachten, daß Pferde beim Vorüberfahren eines Zuges wiehern. Offenbar verbinden die Tiere diese Begebenheit mit selbsterlebten Bahnfahrten und vermuten, daß sich in jedem fahrenden Zug Artgenossen befinden. Wiehern ist Lustäußerung und läßt des Pferdefreundes Herz höher schlagen. Doch sind aber auch sogenannte wieherische Pferde bekannt, deren Lautgebung dem Menschen «auf die Nerven geht», und die in den Manövern oder gar an der Front eigentliche Problematiker darstellen.

Die kriegerischen Stämme der wüstenbewohnenden Araber sollen Stuten, die im allgemeinen sich weniger stimmlich äußern, den Hengsten als Kriegspferde vorgezogen haben, weil jene im Laufen urinieren konnten, folgsamer als Hengste waren und eben heimliche Expeditionen nicht durch Wiehern verrieten. Die Handlungen vieler billiger Wildwestromane würden gewiß ganz anders verlaufen, wenn die betreffenden Autoren die Lautäußerungen des Pferdes der Wirklichkeit entsprechend in Betracht ziehen würden.

Höchst unangenehm sind Esel, die halbe Nächte lang ihrer Daseinsfreude Ausdruck geben. A. W. Grube (26) macht auf einen Chinesentrick aufmerksam, mit dem man solchen Störefrieden beikommen kann und der ganz einfach darin besteht, dem lästigen Tonkünstler dauernd einen Stein an den Schweif zu hängen.

Kulinarische Anomalien

Gezwungen durch ein inneres Bedürfnis nach Betätigung, in gewissen Fällen aber auch infolge Stoffwechsel- oder Verdauungsstörungen, kann das Hauspferd gewohnheitsmäßig anormale Nahrung aufnehmen. In erster Linie zählen hierzu die chronischen Fresser, die, obwohl sie in Ordnung gefüttert sind, nach allem irgendwie Kaubaren haschen. Im Freileben des wilden Einhufers nimmt die Futteraufnahme einen großen Teil des Tagesablaufes ein. Das Dauerfressen ist also, wie verschiedene andere psychische Fehler unserer Hauspferde, im Grunde genommen ein ganz natürlicher Vorgang. Den Zugpferden begegnet man gegen dieses unerwünschte Verhalten mit dem Aufhalteriemen, einer Vorrichtung, die den chronischen Fresser verhindert, Futter vom Boden aufzunehmen, die aber bei diesen Tieren in Wäldern, Gärten und Pärken und unter Obstbäumen nicht mehr viel hilft. Künstler unter ihnen fallen buchstäblich auf die Knie, um trotz Aufhalteriemen ihren Gelüsten frönen zu können. Giftpflanzen, wie etwa Eiben, Goldregen, Buchs, Oleander, falsche Akazien u.a., die von Wildpferden gewiß gemieden wurden, werden von diesen süchtigen Dauerfressern mit Gier erhascht, gekaut und geschluckt.

Die Eibennadeln enthalten bis zu ein Prozent das spezifische Herzgift «Taxin». Wie aus Stang und Wirth (7) zu entnehmen ist, kann ein Pferd nach Aufnahme von 100 bis 250 Gramm Eibennadeln am Herztod eingehen. Auf Verordnung des Polizeivorstandes der Stadt Zürich mußten im Jahre 1918 innert Monatsfrist sämtliche Eibengehölze entlang den Wegen und Straßen verschwinden. Prof. Dr. Bürgi

(67) war während 22 Praxisjahren bei 41 tödlich verlaufenen Eibenvergiftungen an Pferden zugegen. Die Gefährlichkeit der Eiben und anderer Zierpflanzen für das Pferd ist trotz starkem Rückgang der Bestände auch heute noch aktuell. Als im Herbst 1960 der Circus City in St. Gallen gastierte, vergifteten sich fünf Haflinger Pferde, die eine der anmutigsten Nummern produzierten, durch Eibenfraß. Eines davon verschied auf der Stelle, und ein zweites, bei dem eine Rettung aussichtslos erschien, konnte noch gestochen werden. Auch der Oleander ist ein wegen seiner Giftigkeit berüchtigter Strauch. Von sieben Soldaten, die an Oleanderspießen Cervelats brieten, starben sechs (68).

Abgesehen von den gesundheitsschädigenden Auswirkungen, erleidet bei den bei jeder Gelegenheit leckenden, nagenden und fressenden Pferden die Zuverlässigkeit, namentlich als Arbeitstier, eine wesentliche Einbuße. Tiere, die dieser Unart huldigen, machen sich auch im Stalle als sogenannte Streuefresser bemerkbar, denen man mit dem Maulkorb oder mit einer anderen Einstreue, zum Beispiel Torf oder Sägespäne, begegnen kann. Chronisches Streuefressen kann zu Verdauungsstörungen führen.

Die Unterkunft für die im Jahre 1955 in Hamburg eingetroffenen Onagerfüllen wurde aus Holz gebaut. Mit dem Heranwachsen der Fohlen erwies sich dies als falsch. Bald entpuppten sie sich nämlich als «Nagetierchen», so daß draußen beim Einlaß und erst recht in den Boxen des Innenraumes jede Holzkante mit abgewinkelten Blechstreifen beschlagen werden mußte. Sogar das senkrecht laufende Abflußrohr der Dachtraufe ist durch Beißbewegungen plattgedrückt.

Gregor von Romaszkan (19) macht auf das ebenfalls erwähnenswerte Sandschlucken aufmerksam. Eine der widerlichsten Unarten der Tiere aber – vom menschlichen Standpunkt aus gesehen – ist die Beschäftigung mit oder gar das

Fressen von Kot, was am häufigsten bei ursprünglich baumbewohnenden Affen, aber auch gelegentlich bei Pferden beobachtet werden kann. Bei Fohlen mag dieses Verhalten einen gewissen Sinn, nämlich die Bildung von Darmflora, haben. Der Kot, besonders der von Artgenossen, ist dem Pferde nicht gleichgültig; im allgemeinen interessieren sich Pferde lebhaft für den Kot fremder Artgenossen, was man immer wieder auf Pferdestellungsplätzen, Pferdeschauen und Pferdemärkten beobachten kann, wo Pferde oft Exkremente anderer beriechen.

Auf freier Wildbahn dient die Kotabgabe dem Leithengst zur geruchlichen und optischen Territoriumsmarkierung. Dabei sind die Tiere in der Lage, die Kotabgabe zu drosseln. Dieses Verhalten hat Hermann Ebhardt (28) deutlich beschrieben. In seinem Islandpony-Freigehege trieb der Leithengst jeweils die heranwachsenden Junghengste vom Mutterstutenrudel ab, die dann einen eigenen Jünglingsverein bildeten. In der Folge markierte der Beherrscher des Geheges jeden Kothaufen, den die Stuten absetzten, mit eigenen Exkrementen. Er bezeichnete somit Grenzen, und wer von den Junghengsten diese Markierung überschritt, um zu den Stuten zu gelangen, mußte mit einer ernstlichen Auseinandersetzung rechnen. Viele Tierarten haben für die Markierung ihres Lebensbezirkes (Territorium) besondere Drüsensekrete zur Verfügung. Ein Leithengst, der aus der Ebhardt-Herde herausgenommen werden mußte und allein in einem Gehege untergebracht wurde, unterhielt ein eigentliches Klosett, d. h. er «markierte» seinen eigenen Kot, da er keine Dunghaufen von Stuten vorfand. An der Stelle seiner ersten Kotabgabe entstand ein Haufen von zwei Meter Länge, ein Meter Breite und fünfundsiebzig Zentimeter Tiefe. Ähnliches kann man bei einzeln gehaltenen Einhuferhengsten in Zoos beobachten.

Für das Kotfressen wird Vitamin- und Mineralstoffmangel

verantwortlich gemacht. In vereinzelten Fällen kann die Aufnahme von außergewöhnlichen Stoffen aber auch als Begleiterscheinung von Krankheiten, wie Tuberkulose und Darmstörungen, auftreten. In solchen Fällen können die anormalen Gelüste bis zum Jauchesaufen gehen. Reisende berichten, wie ausgehungerte Einhufer, die sich lange in Wüstengebieten aufhielten, sich sogar an Tierleichen heranmachen. Auch in nordischen Gebieten sollen Pferde an den Meeresküsten angeschwemmte Muscheln und Fische annehmen. In den wenigsten Fällen aber liegt die Lustbetonung auf dem eigentlichen Fressen von Kot; wichtiger ist den Tieren die Möglichkeit der Beschäftigung mit diesem, was gewiß domestikationsbedingt ist und durch Aktivitätsmangel verursacht wird.

C. PROBLEMHANDLUNGEN ALS SCHAUOBJEKTE

Einleitend, als wir uns mit dem Begriffe der fehlerhaften Verhaltensweisen des Hauspferdes auseinandersetzten, sind wir zum Schluß gekommen, daß eigentlich ein bedeutender Teil der Pferde-Unarten nur in der Mensch / Pferd-Beziehung als Probleme angesehen werden darf, da ja beispielsweise das Schlagen, Beißen, Bocken und anderes im Freileben der Vorfahren unserer Pferde lebenswichtige Handlungsweisen darstellten. Wie relativ die Bezeichnung «Unart» beim Pferd zu nehmen ist, zeigen nun erst recht die nachfolgenden Erörterungen über Benehmen, die, um Geld zu verdienen, den Pferden andressiert oder in ihren natürlichen Formen für Schauzwecke verwendet werden.

Zirkusunternehmen, als klassische Schaustellungsstätten für Tierdressuren, werden immer weniger. Anderweitige Großveranstaltungen (Sport, Kino, Eisrevues usw.) bedeuten für viele Zirkusse den sichern Untergang. Daher muß der Zirkus sozusagen notgedrungen auf Sensationen ausgehen, und gerade mit den hier zur Sprache kommenden Dressurleistungen wird vielfach ein fauler Zauber getrieben. Mit dem Kopfschlagen als bejahende Antwort oder mit Simulationsverhalten – um Beispiele zu nennen – wird dem durchschnittlichen Publikum das Wesen des Pferdes ganz falsch vorgestellt, nämlich so, als ob das gute Tier in der Lage wäre, einsichtig zu handeln, was ganz und gar nicht der Fall ist. Doch haben diese Darbietungen auch wieder ihre Berechtigung; wir bewundern an ihnen die Mühen, die es braucht, bis sie publikumsreif sind.

Ohne Pferde ist ein Zirkus kaum denkbar; ja sie sind, um Pferde und Reiter von allen Seiten sehen zu können, aus den Vorführungen von Kunstreitertruppen entstanden. Wir müssen den Gebrüdern Knie, den beiden Direktoren unseres Nationalzirkus, in Dankbarkeit anerkennen: sie halten an dieser Tradition fest. In mannigfacher Weise hat der Interessent in Knies Unternehmen Gelegenheit, pferdepsychologische Beobachtungen machen zu können.

Tierdressuren im allgemeinen

Dressur ist die Gewöhnung eines Tieres an vom Menschen gewünschte Handlungen. Es sind drei verschiedene Dressurrichtungen zu unterscheiden:

1. Dressur zu Gebrauchszwecken (Ziehen, Reiten usw.).

2. Dressur zu Schauzwecken (Raubtierdressur, Freiheitsdressur usw.).

3. Dressur für Zwecke wissenschaftlicher Forschung (zum Beispiel Untersuchungen betreffend Farbensehen).

Die Hilfsmittel, die zu einer Dressurleistung führen, sind die künstlich vom Dresseur gebildeten Assoziationen. Unter diesem wichtigen Begriff der Tierpsychologie sind einfache Gedächtnisleistungen, nämlich Verbindungen oder Verknüpfungen von Wahrzunehmendem mit Wahrgenommenem, zu verstehen. Die Bedeutung der Assoziation in der Mensch/Tier-Beziehung wurde mir vor dem Elefantenauslauf des Münchner Zoos so richtig klar. Nur ein ganz enger Graben trennt dort die Elefanten von dem Publikum, so daß diese Schwergewichtler ihre Rüssel in der Vertikalen zum Publikum hängen können. Dreikäsehoche sind dort somit in der Lage, die fünf Tonnen schweren, größten Landtiere der Gegenwart zu «bezwingen», indem sie die Elefanten mittels einer Erdnuß veranlassen, das Rüsselende nach links, dann nach rechts und wieder nach links oder in umgekehrter Reihenfolge einzurollen, um den Leckerbissen zu erhalten.

Steigende und tanzende Pferde

Ein Dutzend und mehr Hengste an einer «Auf»-Stellung steigen zu lassen, ist der Ehrgeiz jedes Pferdedresseurs, und dies ist für den Beschauer gewiß ein prachtvoller Anblick. Ursprünglich handelt es sich beim Steigen, d.h. beim Stehen und Gehen auf den Hinterbeinen, um ein typisches Kampfverhalten der Hengste. Jeder Zirkus hat auch seine «Meistersteiger». Das sind Hengste, die sich für diese Dressurleistung besonders auszeichnen, die willig, ausdauernd, vorwärts- und rückwärtsgehend steigen oder sich dabei sogar wiederholt umwenden. Beim Anfangsunterricht muß der Abrichter darauf achten, daß sich die Hengste beim Steigen nicht überschlagen und so zu Schaden kommen. Zu diesem Zwecke benötigt er zwei Gehilfen, die beidseitig mit unten an den Sprunggelenken befestigten Longen das steigende Pferd «im Zaume» halten. Dieselben Gehilfen haben beim anfänglichen Unterricht das Pferd an den Longen hoch zu heben, damit der Lehrling erfaßt, was der mit der Peitsche bewehrte, vor ihm stehende Abrichter überhaupt verlangt. Das Ziel des Lehrers ist, seinen neuen Schüler einst in einer Gruppe steigender Hengste mitwirken zu lassen, oder ihn gar als Meistersteiger auszubilden. Bis dieses Ziel erreicht ist, braucht es stete Wiederholung, und wenn ein Steiger auf der Höhe seiner Leistungsfähigkeit bleiben soll, muß dauernd mit ihm geübt werden. Ich habe manche Probe und Vorstellung miterlebt und dabei festgestellt, daß die Tiere zwischen Probe und Vorstellung unterscheiden, wobei sie bei den Vorstellungen, bei denen sie weniger bestraft werden können, sich nicht so willig verhalten.

Das wiederholte Umwenden der Zirkuspferde, einzeln oder paarweise, heißt in der Zirkussprache «Walze». Diesen Ausdruck benützt übrigens der Vorführende neben der Peitschenhilfe als akustische Zeichengebung, die diese Teilleistung einer Freiheitsdressur auslösen soll. Auch hierzu sind beim Abrichten Hilfskräfte notwendig, die die Einzeltiere oder Paare an der Hand herumwenden müssen, bis es den Tieren zur Gewohnheit geworden ist, diese Handlungsweise mit den Zeichen des Abrichters zu koppeln. Es kann vorkommen, daß ein Dressurpferd, das einer vorstellungsfähigen Gruppe angehört, z. B. infolge Unfalls oder Krankheit ausscheiden muß, so daß ein Ersatzpferd in die Gruppe gelangt, das dann während der Vorstellung von einem Gehilfen beim Walzeakt und anderen schwierigeren Leistungen an die Hand genommen werden muß. Ein solches Pferd lernt gewiß leichter und in halber Zeit, denn es macht sich die Tendenz zur Nachahmung bemerkbar.

Für Zirkusdressuren eignen sich am besten temperamentvolle Pferde. Diese haben im allgemeinen einen höheren Schauwert, und vor allen Dingen – worauf es ankommt – es «telephoniert» bei ihnen besser, sie assoziieren schneller, sie sind dressurfähiger als Angehörige schwererer Schläge. Die

Lipizzaner sind wohl die eigentlichsten Zirkuspferde. Mit diesen aufmerksamen Tieren ist der Dresseur in der Lage, in erstaunlich kurzer Zeit eine prachtvolle Nummer zu schaffen. Auch gelingt es mit Lipizzanern verhältnismäßig leicht, eine Nummer umzustellen oder einen neuen Akt einzubauen.

Bocking Horses

Ungezäumte Pferde zu reiten, ist der Lieblingssport der Cowboys und Gauchos. Bei diesen verwegenen Reitern vergeht kein Fest, ohne daß nicht einer einen andern zu einem Wettstreit auf wilden Pferden auffordert. Einen Abglanz dieses Sportes können wir gelegentlich im Zirkus beobachten.

In jedes Texas-Rodeo, wie sie in Zirkusunternehmen veranstaltet werden, gehört ein Auftritt, in dem ein mutiger Reiter ein angeblich ungebändigtes, wildes Pferd reitet. Meistens sind diese bockenden Pferde vor und nach den Vorstellungen die frömmsten Tiere. Das wilde Gebaren wird durch absichtlich von Menschenhand verursachte Schmerzeinwirkungen in Szene gesetzt und hat mit Dressur wenig zu tun. Auch auf dem fünften Kontinent sind Rodeos beliebt. Australien besaß den berühmten Hengst «White Pleasure», der im Jahre 1948 einging und auf dem es während 10 Jahren keinem Reiter gelungen war, sich 10 Sekunden lang im Sattel zu halten. Augenzeugen behaupten, daß das Bocken auch bei diesem bedauernswerten Favoriten mit einem Seil verursacht wurde, das hinten am Sattel angebracht und um den Leib geschlungen den Geschlechtsteil strapazierte.

Die Zirkusnummer «Wer reitet den störrischen Esel?» fordert die Zuschauer jeweils so sehr zum Lachen heraus, daß sie oft als Schlußnummer figuriert. Auch bei dieser Produktion wird das verwendete Tier meistens vom Schmerzgefühl zum Bocken und Rückenwölben dirigiert. Enrico Zimmermann, der Regisseur und Chefstallmeister unseres Nationalzirkus, bediente sich vor Jahren für dieses Schaustück eines Esel/Zebra-Bastardes, der tatsächlich kämpferisch veranlagt war. Dieser Zebroide war mit einem Beißkorb versehen, hatte sich in einem Boxring zu produzieren und scheute sich nicht, gelegentlich auch kräftige Hiebe auszuteilen.

Simulieren

Mit dem Simulieren haben wir uns bereits eingehend befaßt und festgestellt, daß ein Tun als ob, ein erfahrungsbedingtes Vortäuschen, um daraus Nutzen zu ziehen, auch beim Pferdegeschlecht nicht ausgeschlossen ist.

O Schreck! Zirkusdirektor Fredy Knie, als Zorro verkleidet, ist samt seinem Pferde von einem «elenden Banditen» über den Haufen geschossen worden. Beide liegen erst leblos in der Mitte der Manege. Dann gelingt es dem verwegenen Reitersmann, mit der Halsschleife das «wundgeschossene» Sprunggelenk seines Pferdes zu verbinden. Der brave Gaul erhebt sich nun, humpelt auf drei Beinen zum Ausgang, um in der nächstfolgenden Nummer wieder ganz normal zu erscheinen. Dieses vorgetäuschte Lahmgehen wurde dem Pferde beigebracht, indem es immer wieder mit einem hochgebundenen Vorderbein aus der Manege geführt wurde. Es lernte nicht simulieren, es lernte auf drei Beinen gehen.

Ferner hat man immer wieder Gelegenheit, im Zirkus das gespielte Festliegen zu beobachten. Oftmals ist es eine ganze Gruppe Pferde, die am Pistenrand abliegen müssen und trotz Peitschenknall erst wieder auf eine bestimmte Zeichengebung aufstehen dürfen. Dann ist es aber auch wieder ein Einzeltier, das «mausetot» in der Manege liegt, und um das sich ein Spaßmacher mit allerhand faulem Zauber, Berührungen und Äußerungen bemüht. Das «Wunder», so einen Pferdeartisten wieder lebend zu machen, besteht in einem andressierten, für das Publikum meistens unsichtbaren Zeichen des Dresseurs.

Sascha Houck, der Pferdedresseur unseres Nationalzirkus, führt eine Tigerschecken-Freiheitsdressur vor, bei der am Ende der Nummer jedes Pferd einen eigenen Abgang absolvieren muß. Die Tigerschecken haben einzeln walzend, steigend, rückwärtsgehend usw. aus der Manege zu gehen, und das letzte Pferd hat die Aufgabe, passive Verweigerung vorzutäuschen. Wie angewurzelt bleibt es am entferntesten Teil der Manege stehen. Es erscheint dann ein als Polizist verkleideter Boy mit einem kleinen Hund, der das Ende der Hundeleine an die Halfter des Pferdes bindet, und als Schlußpunkt der Nummer wird das Pferd vom Hund «abgeführt».

Sogenannte Wunderpferde

In den Jahren vor dem Ersten Weltkrieg befand sich die Psychologie in einer richtigen Krise. Was war geschehen? Im Jahre 1904 wurde die Öffentlichkeit mit den fabelhaften «Denk- und Rechenleistungen» eines Orlowtrabers in Berlin vertraut gemacht. «Kluger Hans» nannte der Besitzer und Abrichter, Herr von Osten, dieses brave Roß, das großes Aufsehen in aller Welt erregte. Richtiger gesagt, versetzte nicht das Pferd die Massen in Staunen, sondern vielmehr seine menschliche Umgebung. Von Osten – kein Schwindler, ein Irrender – war felsenfest vom selbständigen Überlegen und Handeln seines Pferdes überzeugt und nahm trotz Gegenbeweisen diesen fanatischen Glauben mit ins Grab. Weil der Gaul nicht in Worten sprechen konnte, ersann von Osten ein anderes Ausdrucksmittel, nämlich das Schlagen oder Treten mit dem Vorderfuß, eine Bewegungsart, die vielen

Zirkuskunststücken zugrunde liegt. Bei mehrstelligen Resultaten einer Rechenaufgabe klopfte «Hans» zuerst die Tausender, dann die Hunderter, Zehner und Einer. Auch lesen, Gegenstände benennen und Auskünfte erteilen konnte er. Ferner verfügte er angeblich über ein musikalisches Gehör. Hierzu wurden die Buchstaben und die wichtigsten Doppellaute mit Zahlen verbunden. Namhafte Gelehrte suchten dieses Wunderpferd auf und traten dann vielfach öffentlich für die Glaubwürdigkeit der Leistungen, die denen eines besseren Sekundarschülers gleich kamen, ein. Man verglich den menschenscheuen Sonderling, Herrn von Osten, mit einem zweiten Kopernikus, der die bisherige Anschauung von der geistigen Alleinherrschaft des Menschen zunichte machte. Man faselte von Gedankenwellen, tierischem Magnetismus, Suggestion, Telepathie und anderem mehr. Es gab aber auch Skeptiker, die an der Glaubwürdigkeit des Herrn von Osten zweifelten und die Leistungen des Tieres auf Dressur mit heimlichen Zeichen zurückführten.

Auf Veranlassung von C. Stumpf, Professor der Psychologie an der Universität Berlin, hat dann O. Pfungst den «Klugen Hans» mit den Hilfsmitteln der damaligen Psychologie eingehend untersucht und das Problem aufgeklärt. Pfungst stellte eine Reihe Versuche an, bei denen der Fragesteller das Resultat der Frage nicht kannte, und siehe da, der «Kluge Hans» scharrte nicht richtig. Der Fragesteller hatte sich hinter eine Zeltwand zu stellen – und der weltberühmte Hengst versagte. Pfungst folgerte: Das Wunderpferd bedarf optischer Zeichen. Diese bestehen in minimalen Bewegungen des Fragestellers, die ganz unwillkürlich, durch Spannungsgefühle veranlaßt, erfolgen. Auf diese Bewegungen hin beginnt das Pferd zu klopfen, wobei der Fragesteller, der das Resultat kennt, mitzählt. Je näher das Pferd dem Resultat kommt, desto größer wird beim Fragesteller die Erwartungsspannung. Sobald die Endzahl erreicht ist, läßt die Spannung plötzlich nach, und dies ist das Zeichen für das Tier, mit dem Klopfen aufzuhören. Pferde verfügen über ein starkes Interpretationsvermögen der menschlichen Gestik und Mimik. Die Fähigkeit der Pferde, minimalste Bewegungen, für den Zuschauer kaum sichtbare oder gar unsichtbare Zeichen, für den Vorführenden oftmals unbewußte Bewegungen mit Körper, Gesichtsmuskeln, Kopf, Peitsche usw., zu sehen, kommt den Zirkusabrichtern sehr entgegen. Neben dem «Klugen Hans» wurden seinerzeit auch die sogenannten Elberfelder Pferde durch ihre «Denkleistungen» bekannt, die aber infolge des Krieges keiner wissenschaftlichen Untersuchung unterzogen werden konnten.

Außer dem Forschungsergebnis hat diese Ente, wohl eine der fettesten, die je über deutsche Grenzen gelangte, doch wirksam gezeigt, wie wichtig das Wissen um das Wesen der Tiere ist und welche Bedeutung der Tierpsychologie zukommt.

Aus alten Schriften entnehmen wir, daß Wunderpferde sich schon in früheren Jahrhunderten als Artisten zu produzieren hatten. Beliebt war das Spiel mit dem Würfel. Dieser wurde in der Arena hochgeworfen, und das Pferd hatte dann die obenauf ablesbaren Augenzahlen mit Kopfschlagen, Scharren, Stampfen oder Hauen wiederzugeben. Von einer solchen Situation zeugt der Holzschnitt «Marocco, das rechnende und denkende Pferd» aus dem 16. Jahrhundert, den Dr. Alfred Lehmann (69) veröffentlicht hat.

Pfarrer Andreas Beuker (70) in Dießenhofen berichtet in seiner Familienchronik aus dem Jahre 1676 ebenfalls von solch einem Naturwunder, das mit Tretbewegungen den Stand des Uhrzeigers angeben, das Kartenspiel und die Münzen wertmäßig auseinander halten konnte.

Ausführlich berichtet Christoph Donauern (71) über die Leistungen der Wunderpferde, die er im besonderen Kapitel «Von der englischen Pferdekunst» zusammenfaßt. Es ist da unter anderem die Rede vom Referenzmachen des Pferdes, das entweder im dauernden Lufthauen eines Vorderbeines oder im Niederknien besteht. Im weiteren berichtet Donauern vom Kopfschlagen und Kopfschütteln, als Ja- und Neinantwort. Das erstere wird dem Pferd mit der vorgestreckten Gerte, an deren Ende Schnupftabak oder ein ähnlicher Reizstoff angebracht ist, beigebracht. Zum Andressieren des Kopfschüttelns dient ein Röhrchen, mit dem der Abrichter ins Ohr des Pferdes bläst. Zur Auslösung dieses Verhaltens während der Vorstellung verwendet der Vorführende ein akustisches Zeichen; er bläst mit dem Munde in die Luft.

Sozusagen bei jeder Wunderpferdenummer haben die Tiere auch Artistik mit Hilfe des Gebisses zu leisten. Das Apportieren von Gegenständen wie Handschuhen, Fahnen, Kleidungsstücken, Taschentüchern, steht an erster Stelle. Es soll auch schon Jäger gegeben haben, die ihre Reitpferde zum Herbringen des erlegten Wildes abgerichtet hatten. Das Dressieren des Pferdes zum Apportieren ist eine mühselige Angelegenheit, weit schwieriger als etwa beim Hunde, dem ja, im Gegensatz zum reinen Pflanzenfresser, ein Beuteschema angeboren ist. Nachfolgend ein schematischer Dressurplan, dessen sich der Pferdedresseur bedient, um das Pferd das Herbringen von Handschuhen zu lehren: Wiederholt wird dem hungernden Pferd auf dem Boden ein verknotetes Tuch, in dem sich Hafer befindet, vorgelegt, geöffnet und erlaubt, den Hafer zu fressen. Das Haferpaket wird nicht mehr am Boden geöffnet. Das Pferd muß erst das Paket mit dem Gebiß fassen, hochnehmen und ein Stück weit tragen; erst dann wird es vom stehenden Abrichter aufgeknotet und der Inhalt dem Pferde überlassen. Dieser Vorgang wird solange wiederholt, bis das Pferd den bestimmten Weg mit der Haferration im Maule zurücklegt, bis die Ideenverbindung Pakethochnehmen / Herlaufen / Belohnung Wurzel gefaßt hat. Die Haferrationen werden immer kleiner, dafür bekommt der Lehrling jedesmal nach der Zurücklegung des Weges einen besonderen Leckerbissen, z. B. ein Rüblein. Der Hafer fällt dann ganz weg, und an die Stelle des Tuches wird ein Handschuh gelegt.

Auch gibt es Zirkuspferde, die sich in ein besonders konstruiertes Bett legen und dann mit den Zähnen eine Decke über sich herziehen müssen. Seit einigen Jahren tritt ferner ein französisches Strip-tease-Girl mit einem Schimmel in europäischen Exklusivlokalen auf. Dem braven Pferd – gewissermaßen ein Salondeckenreißer – fällt die Aufgabe zu, der Schönen die Kleidungsstücke vom Leibe zu zerren. Kennzeichnend bei dieser Darbietung ist, wie das Pferd nach seiner letzten Anstrengung «schamvoll» seinen Blick abwenden muß.

Noch interessanter ist das Knotenlösen der Pferde, weil zu diesem Trick das Beißen als echte Abwehrbewegung verwendet wird. Knotenlösende Pferde haben eine unter dem Vorderknie verknotete Schleife zu lösen, mit ihr im Gebiß zu steigen, einige Runden mit ihr zu traben usw. Bei den ersten Lektionen wird das Pferd an der Stelle des Knotens mit einer Stachelgerte gestochen. Das Pferd beißt nun nach dem einfach loszulösenden Knoten und zerrt mit dem Gebiß die Schleife weg. Das Tier erachtet die Schleife als Ursache des Schmerzes und schnappt nach ihr, um sie zu entfernen. Zirkusdirektor Pius Nock führte mir einst seinen Hengst «Cäsar» vor, der diesen Trick sehr gut beherrschte. Ich stand bei diesem Anlaß in der Mitte der Manege, um einige Aufnahmen machen zu können. Der Hengst befand sich in einer äußerst gespannten, ja geradezu gereizten Verfassung und ließ das Weiß seiner Augen blinken. Ich konnte mir so gut vorstellen, daß diese Dressurleistung anfänglich gewiß mit Schmerzeinwirkungen verbunden war.

Zur Tournee 1958 unseres Nationalzirkus gehörte der Cowboy Derrick Rosaire mit seinem Wunderpferd «Tony».

Der Hengst mußte Ja und Nein sagen, sich verneigen, kniend mit seinem Meister dastehen wie ein Denkmal, dastehen wie ein Schaukelpferd, mit den Lippen und Zähnen reden, sich neben den schlafenden Cowboy legen, sich tot stellen, den sich bückenden Cowboy mit der Nase umstoßen und anderes mehr, was in Gänsefüßchen gesetzt werden sollte. «Es ist ein ausgelassenes Seilziehen zwischen zwei Kollegen, die sich gegenseitig aufziehen und zum Spaß hineinlegen», war in der Zirkuszeitung über Rosaire und Tony zu lesen, was im Grunde genommen keineswegs zutraf, sondern als Dressurarbeit bewertet werden muß. Der Hengst hatte auch nach dem Betreuer zu schlagen, und er tat dies mit aller Vehemenz. Die ganze Nachhand schleuderte er jeweils gegen seinen abseits stehenden «Kollegen». Dieses Ausschlagen mag mit Hilfe eines an eine Stange gebundenen, mit Stroh gefüllten Sackes oder mit der Peitsche andressiert worden sein. Gelegentlich sieht man Zirkuspferde, die mit der Nachhand große Bälle von der Manegemitte über den Pistenrand ins Publikum feuern müssen, was ebenfalls mit dem Strohsack andressiert wird. Ferner spielte Derrick Rosaire mit seinem Tony einen Stierkampf. Der Hengst hatte dem Vorführenden, der angeblich das Pferd mit seiner roten Jacke reizte, nachzujagen. Die Jacke dürfte anfänglich beködert worden sein.

«*Hohe Schule*»

Analog der Hochschulen für angehende Akademiker hat die Menschheit auch für Pferde Hohe Schulen eingerichtet. Und so, wie es im menschlichen Bereich verschiedenartige Universitäten gibt, sind auch die Pferde-Hochschulen unterschiedlich, unterschiedlich im Lehrstoff, im Lehrplan, im Lehrziel; unterschiedlich sind auch ihre Lehrzeit, ihre Lehrer, ihre Lernenden usw. Der Zirkus ist vielleicht als Schnellbleiche anzusehen, während die Spanische Hofreitschule in Wien, die berühmteste und älteste Reitschule der Welt, das Maximum in Sachen Hohe Schule bietet. So muß an einem guten Schulpferd bis zu 6 Jahren gearbeitet werden; diese Art Dressur bedeutet also ungeheure Mühen. Vor allem wird zwischen der Zirkus-Hohen-Schule und der sogenannten akademischen oder klassischen Hohen Schule unterschieden. Die letztere nimmt für sich in Anspruch, sich ausschließlich der natürlichen Gangarten und Sprünge des Pferdes zu bedienen, die schon im jungen Pferde schlummern und von ihm auf der Fohlenweide in Augenblicken der Erregung gezeigt werden. Dieses Thema hat übrigens schon oft genug zu uferlosen Debatten geführt. Jeder Reiter muß sich bewußt sein, daß das Reiten eines Pferdes eigentlich unbiologisch ist; unbiologisch, weil das Wildpferd auf der Steppe nicht geritten wird.

In der Hohen Schule werden den Pferden für reine Schauzwecke Gänge und Sprünge andressiert. Die Hilfsmittel dieser Reiterei sind die Pilaren (zwei in den Boden eingelassene Säulen), spezielle Zäumung, spezielle Halftern, Longen, Peitschen, Gerten, Stachelgerten, Sporen, Schenkeldruck, Gewichtsverlagerungen, Lautgebung usw. Es würde zu weit führen, auf all diese Dressurleistungen der Hohen Schule, die ihren Ursprung in der mittelalterlichen Ritter-Kampftechnik haben, näher einzugehen. Ich will mich auf zwei Beispiele beschränken; das erste betrifft die Kapriole. Sie gilt mit Recht als höchste Potenz der Pferdedressur und besteht in einem Luftsprung an Ort des gerittenen oder longierten Pferdes, der in folgenden Phasen abläuft: Abstoßen des Körpers mittels der Nachhand; freies Befinden in der Waagrechten und Anziehen der Vorderbeine; vehementes Ausschlagen mit der Nachhand (Streichen); gleichzeitiges Landen der Vor- und Nachhand auf dem Boden.

Der Bocksprung an Ort, also die Kapriole (vom italienischen capra, die Ziege, oder capriolo, der Rehbock, stammend), wird dem sich dazu eignenden Pferde in den Pilaren andressiert, indem es mit Peitsche oder Stachelgerte zum Streichen veranlaßt wird. Die Kapriole wird solange geübt, bis als Zeichengebung der Zungenschlag oder ein ähnlicher Hinweis genügt, um das Ausfeuern während des Luftsprunges auszulösen. Auf älteren Darstellungen sieht man, wie der Reiter auf dem kapriolierenden Pferd mit der Gerte die Kruppe des Tieres streift und dieses so zum Ausschlagen während des Sprunges herausfordert. Eine solche Produktion ist auf dem berühmten Gobelin Ludwig XIII. von Frankreich dargestellt.

Die Kapriole, eine Erfindung des Menschen, mag bei kriegerischen Auseinandersetzungen zur Ritterzeit einen gewissen Gebrauchswert gehabt haben. Der verfolgende Feind kann durch ein kapriolierendes Pferd in «größte Confusion» geraten, meint Christoph Donauern.

Abschließend noch ein Beispiel aus der meist nur auf Effekt berechneten Zirkus-Schulreiterei: Ingrid Schickler, die Ballerina zu Pferd, ein gern gesehener Manegestar, produziert sich ebenfalls mit viel Können in der Hohen Schule. Sie reitet jeweils einen Abgang, bei dem das Pferd schrittweise links und rechts ausschlagen muß. Es müßte in der Natur draußen, in der Steppe oder in der Fohlenweide, schon recht toll zugehen, wenn Pferde in solchem Rhythmus dem lästigen Ungeziefer entgehen wollten.

III. ZUSAMMENFASSUNG

Entwurf einer Systematik der psychogenen Fehler unserer Pferde

Begriff. Die Fehler oder sogenannten Mängel der Hauspferde sind zu unterscheiden in solche mit psychischem und in andere mit physischem Charakter. Ein Verhalten des Hauspferdes ist dann als psychogener Fehler zu beurteilen, wenn dabei primär die Psyche des Tieres beansprucht wird und in der Mensch/Pferd-Beziehung daraus ein Schaden entsteht oder entstehen kann. Von der landläufigen, menschlich-sittlichen Bezeichnung «Untugend» ist abzusehen.

Bedeutung. Eine ordentliche Systematisierung dieser problematischen Verhaltensweisen unserer Pferde fehlt bis heute. Hengste, die mit gewissen Fehlern belastet sind, werden zu Leistungsprüfungen gar nicht zugelassen. Verschiedene dieser Handlungsweisen gelten im Handel als Gewährsfehler, und sie treten zuweilen so sehr in Erscheinung, daß die Gebrauchsfähigkeit der Tiere ganz oder teilweise herabgesetzt wird. In unserem verhältnismäßig pferdearmen und kleinen Lande sind es alljährlich gegen vierzig Personen, deren Ableben auf das Konto psychogener Pferdefehler geht. Es ist daher angezeigt, diese Gebaren zu untersuchen, zu ordnen und zu beschreiben.

Systematik. Der Verfasser dieser Studie hat versucht, die rund 50 psychogenen Fehler der Hauspferde auf ursächlich begründeter, stimmungsmäßiger Basis zu ordnen. Er bediente sich hierzu der subjektiven Interpretation, ohne deren Hilfe es kaum möglich wäre, zu einem praktisch brauchbaren Resultat zu kommen. Der Rahmen dieses Einteilungsversuches bildet die Lust- und Unlustbetonung der Verhaltensweisen. Die unlusterfüllten psychogenen Fehler sind gesondert als furcht-, kampf- und schmerzbetonte Handlungsweisen aufgeführt. Kampfhandlungen sind in eigentliche Angriffsgebaren und domestikationsbedingte Widersetzlichkeiten differenziert. Ferner bilden die Konflikthandlungen eine besondere Gruppe. Die lustbetonten Gebaren, die sich stimmungsmäßig nicht mehr weiter analysieren lassen, wurden unterschieden in Spielverhalten, Haltung, kulinarische Anomalien und andere Gegebenheiten.

A. UNLUSTBETONTE, FEHLERHAFTE VERHALTENSWEISEN

1. Furchtbetonte Fehler

   Durchgehen
   Drängen (an die Wand)
   Nicht abliegen
   Steigen
   Zaunspringen
   Zurücktreten aus dem Stande

2. Kampfbetonte Fehler

   Angriffshandlungen:
   Beißen
   Drängen (an die Wand, Baum usw.)
   Hauen
   Schlagen
   Steigen (niedertrampeln, aufspringen)

   Domestikationsbedingte Widersetzlichkeiten:
   Aufblähen
   Aufspringen
   Beißen
   Bocken
   Deckenzerreißen
   Drängen

Durchgehen
Fluchtversuche an Ort (umwenden, rückwärtsgehen)
Halfterabstreifen
Hauen
Leitseilfangen
Nicht am Zügel stehen (auf dem Zügel liegen)
Niederwerfen
Passive Verweigerung (relative und absolute Stetigkeit; Verweigerung der Fortbewegung, des Deckaktes, des Saugenlassens usw.)
Rückenwölben
Schlagen
Simulieren
Stallspringen
Steigen
Verkappen
Zaunspringen
Zurücktreten aus dem Stande
Zügelreißen

3. Schmerzbetonte Fehler

Passive Verweigerung (relative und absolute Stetigkeit; Leistungsverweigerung, sexuelles Unvermögen, Nichtabliegen, Festliegen)
Aktive Abwehrgebaren (Niederwerfen, Schlagen, Beißen, Durchgehen usw.)
Futterausstreuen
Kollern (schleichender Koller, aktiver Koller, Schreckkoller)
Nichtannehmen des Fohlens
Nicht am Zügel stehen (hinter oder über dem Zügel liegen)
Scheuern
Stallwandschlagen (Wurmbefall, Unreinheiten an den Fesseln)
Zungenstrecken

4. Konflikthandlungen

Scharren Stampfen Schweifschlagen Lippenschlagen Kopfschlagen	} Pflege
Weben	Fortbewegung

Beißen (Aderbeißen, Deckenzerreißen) Schlagen Drängen	objektübertragene Handlungen

Koller (Schreckkoller, rasender Koller)

Aktive Widersetzlichkeiten (Bocken, Drängen, Schlagen usw.) Trensenspielen Zungenschlagen Tänzeln Kreuzen im Galopp Sich ins Geschirr werfen Futterausstreuen	hyperaktive Handlungen

B. LUSTBETONTE, FEHLERHAFTE VERHALTENSWEISEN

Spielerische Gebaren

Durchgehen
Zaunspringen
Luftschlagen
Bocken
Wälzen
Aufspringen
Auf dem Zügel liegen
Steigen
Verkappen

Individuelle Spielhandlungen

Deckenzerreißen	Scheuern
Halfterabstreifen	Standwandschlagen
Trensenspielen	Kettenrasseln
Nagen	Krippenwetzen
Lecken	Spielen mit verschiedenen Gegenständen
Futterausstreuen	Koppen

Haltungsstereotypien

Schildern (Kronentreten)
Zurücktreten aus dem Stande
Zungenstrecken

Onanie der Hengste

Unerwünschte Lautäußerungen

Kulinarische Anomalien

Dauernd fressen

Lecken und Nagen an und Fressen und Saufen von ungewöhnlichen Stoffen

PSYCHOGENE PROBLEMVERHALTEN DER PFERDE UND IHRE URSACHEN

Aufblähen	Bedrohung (Abwehr)
Auf dem Zügel liegen	Bedrohung (Kampf, Abwehr) Stimmungskonflikt (Hyperaktivität) Betätigungsdrang
Aufnahme von ungewöhnlichen Stoffen Kotfressen Jauchesaufen	Betätigungsdrang Hunger Stoffwechselstörung Mangel an gewissen Vitaminen oder Mineralstoffen
Aufspringen	Bedrohung (Kampf) Geschlechtslust (auf den Menschen aufspringender Eselhengst, unerwünschter Paarungsversuch) Betätigungsdrang
Beißen	Bedrohung (Kampf, Abwehr) Paarung (Nackenbeißen) Schmerzeinwirkung (Kolik, Aderbeißen) Stimmungskonflikt (Selbstverstümmelung, Beißen am unbeteiligten Objekt)
Bocken	Bedrohung (Kampf, Abwehr) Schmerzeinwirkung (unzweckmäßiger Sattel, Drücke) Stimmungskonflikt (Hyperaktivität) Betätigungsdrang

Dauernd fressen	Betätigungsdrang anormale oder krankhafte Beschaffenheit der Verdauungsorgane Dressurfehler mangelhafte Fütterung (Hunger)
Deckenzerreißen	Bedrohung (Abwehr) Stimmungskonflikt Betätigungsdrang (individuelle Spielhandlung)
Drängen an Wand, Baum usw.	Bedrohung (Schutz suchen, Kampf, Abwehr) Geschlechtslust (Sexualverhalten) Schmerzeinwirkung Stimmungskonflikt (Hyperaktivität) Traum
Durchgehen Flüchten Durchbrennen Ausbrechen Ausreißen	Bedrohung (Flucht, Kampf) Schmerzeinwirkung (Insekten, Koller) Stimmungskonflikt (Hyperaktivität) Betätigungsdrang
Festliegen	Bedrohung (Furcht vor erneutem Zusammenbrechen) Schmerzeinwirkung (körperliche Behinderung)
Futterausstreuen	Schmerzeinwirkung (Zahnschäden, Fisteln, Entzündungen) Stimmungskonflikt («Futterneid») *Betätigungsdrang (individuelle Spielhandlung)
Fluchtversuche an Ort Herumwerfen der Nachhand, Rückwärtsgehen, Umwenden	Bedrohung (Kampf, Abwehr) Schmerzeinwirkung (z.B. ungewohnte oder übertriebene Sporeneinwirkung) Stimmungskonflikt (Hyperaktivität) Betätigungsdrang
Halfterabstreifen	Bedrohung (Kampf, Abwehr) Betätigungsdrang (individuelle Spielhandlung)
Hauen	Bedrohung (Kampf, Abwehr) Stimmungskonflikt (Hyperaktivität)
Kettenrasseln	Betätigungsdrang (individuelle Spielhandlung)
Kopfschlagen	Schmerzeinwirkung (Ungezieferabwehr) Stimmungskonflikt

Koppen	*Stimmungskonflikt Betätigungsdrang (individuelle Spielhandlung)
Krippenwetzen	Betätigungsdrang (individuelle Spielhandlung) *Stimmungskonflikt
Kronentreten Schildern	Gewichtsverlagerung (Haltungsstereotypie)
Lecken	Schmerzeinwirkung (Wundlecken) Betätigungsdrang Stoffwechselstörung Mangel an gewissen Mineralstoffen Hunger (u. U. Bettelgebaren)
Leinenfangen	Bedrohung (Abwehr) Schmerzeinwirkung (Überempfindlichkeit, Juckreiz)
Lippenschlagen	Schmerzeinwirkung (Ungezieferabwehr) Stimmungskonflikt
Nagen	*Stimmungskonflikt Betätigungsdrang Hunger (mangelhafte Fütterung) Stoffwechselstörung Mangel an gewissen Mineralien oder Vitaminen
Niederlegen	Schmerzeinwirkung (Koller, Kolik) Stimmungskonflikt (Hyperaktivität) Betätigungsdrang (wälzen)
Nicht abliegen Schlafkoller	Bedrohung (körperliche Behinderung, Furcht vor dem Festliegen und vor erneuten Verletzungen beim Aufstehen)
Hinter und über dem Zügel stehen	Schmerzeinwirkung (unzweckmäßige Zäumung)
Onanie der Hengste	Geschlechtslust (Verhinderung des normalen Trieblebens) *Betätigungsdrang (individuelle Spielhandlung)
Rückenwölben	Bedrohung (Abwehr) Schmerzeinwirkung (körperliche Behinderung) Stimmungskonflikt (Hyperaktivität)

Scharren Klopfen Kratzen	Stimmungskonflikt
Scheuern	Schmerzeinwirkung (Parasiten, Unreinheiten) Betätigungsdrang (individuelle Spielhandlung)
Schlagen	Bedrohung (Kampf, Abwehr) Schmerzeinwirkung (Ungezieferabwehr, Kolik, Eingeweidewürmer) Stimmungskonflikt (Hyperaktivität) Betätigungsdrang (lustbetontes Stallwandschlagen) Traum
Schweifschlagen	Schmerzeinwirkung (Ungezieferabwehr) Stimmungskonflikt
Sich ins Geschirr werfen	Stimmungskonflikt
Simulieren	Bedrohung
Spielen mit verschiedenen Gegenständen	Betätigungsdrang (individuelle Spielhandlung)
Steigen	Bedrohung (Kampf, Abwehr) Schmerzeinwirkung Stimmungskonflikt (Hyperaktivität) Betätigungsdrang
Stampfen	Schmerzeinwirkung (Ungezieferabwehr) Stimmungskonflikt
Trensenspielen	Stimmungskonflikt Betätigungsdrang (individuelle Spielhandlung)
Unerwünschte Lautäußerungen	Geselligkeit
Unreine Fortbewegungen Tänzeln Kreuzen im Galopp	Stimmungskonflikt
Verkappen Zügelbeißen	Bedrohung (Kampf, Abwehr) Stimmungskonflikt (Hyperaktivität) Betätigungsdrang
Verweigern der Fortbewegung	Bedrohung (Abwehr) Schmerzeinwirkung (mangelhafte Beschirrung) Stimmungskonflikt (Hyperaktivität)

Verweigerung des Deckaktes	Bedrohung (Ruhestörung) Schmerzeinwirkung
Verweigern des Saugenlassens	Bedrohung (Absonderung von der Herde, abweisen des Fohlens) Schmerzeinwirkung (Verletzungen, Entzündungen, Überempfindlichkeit)
Weben	Stimmungskonflikt
Zaunspringen	Bedrohung (Flucht, Ausbrechen) Schmerzeinwirkung (Ungezieferabwehr) Stimmungskonflikt (Hyperaktivität) Betätigungsdrang
Zügelreißen	Bedrohung (Kampf, Abwehr) Stimmungskonflikt (Hyperaktivität)
Zungenspielen	Stimmungskonflikt
Zungenstrecken	Schmerzeinwirkung (mangelhafte Zäumung) Haltungsstereotypie *Erbfehler
Zurücktreten aus dem Stande	Bedrohung (Schreckerlebnisse) Haltungsstereotypie

* Einige Verhaltensweisen sind mit einem * versehen, was besagt, daß ihre Entstehung noch nicht befriedigend abgeklärt ist.

LITERATURVERZEICHNIS

1 Hans Alb. Berkenhoff: Tierstrafe, Tierbannung und rechtsrituelle Tiertötung im Mittelalter. Bühl bei Baden 1937.

2 Paul Eipper: Tiere sehen dich an. Berlin 1928.

3 E. Seiferle: Zur Psychologie des Pferdes. Festschrift Prof. Dr. O. Bürgi. Zürich 1943.

4 Gustav Rau: Die Ursachen der bisherigen Vernachlässigung der Tierpsychologie in der Pferdezucht und bei der Ausbildung des Pferdes. Zeitschrift für Tierpsychologie. Bd. 1, 1937.

5 Ernst Laur: Bau und Leben der landw. Haussäugetiere. Berlin 1920.

6 Carl Hutschenreiter: Mein Leben für das Vollblut. Wien 1954.

7 Valentin Stang und David Wirth: Tierkunde und Tierzucht. Berlin und Wien 1929.

8 E. Heizmann: Die Untugenden des Pferdes und ihre Behandlung. Leipzig 1937.

9 C. Keller: Die Stammesgeschichte unserer Haustiere. Leipzig 1909.

10 H. Hediger: Tierpsychologie und Haustierforschung. Zs. f. Tierpsychol. Bd. 2, 1938.

11 Klaus Zeeb: Das Verhalten des Pferdes bei der Auseinandersetzung mit dem Menschen. Säugetierkundliche Mitteilungen. Bd. 7, 1959.

12 Stefan von Màday: Psychologie des Pferdes und der Dressur. Berlin 1912.

13 Emil Hauck: Das seelische Verhalten des Pferdes und des Hundes. Wien 1928.

14 Bernhard Grzimek: Versuche über das Farbsehen von Pflanzenessern. Zs. f. Tierpsychol. Bd. 9, 1952.

15 Bernhard Grzimek: Begrüßung zweier Pferde. Das Erkennen von Phantomen und Bildern. Zs. f. Tierpsychol. Bd. 5, 1943.

16 Schweizer Kavallerist. Nr. 3, 1956.

17 Eberhard Trumler: Beobachtungen an Böhmzebras. Säugetierkundliche Mitteilungen. Bd. 7, 1959.

18 Karl Lutz: Aus Natur und Geisteswelt. Bd. 826, Leipzig 1923.

19 Gregor von Romaszkan: Reiten lernen. Rüschlikon 1957.

20 Robert Sommer: Tierpsychologie. Leipzig 1925.

21 Bernhard Grzimek: Das Fohlen, das kein Pferd kannte. Zs. f. Tierpsychol. Bd.6, 1944–49.
22 Malkmus, Oppermann: Handbuch der gerichtlichen Tierheilkunde. Hannover 1935.
23 Monika Meyer-Holzapfel: Über Bewegungsstereotypien bei gehaltenen Säugern. Zs. f. Tierpsychol. Bd. 2, 1938.
24 Bastian Schmid: Die Seele der Tiere. Stuttgart 1951.
25 Otto Fehringer: Unser Pferd. Berlin 1950.
26 A. W. Grube: Biographien aus der Naturkunde. Stuttgart 1869.
27 Bernhard Grzimek: Das Erkennen von Menschen durch Pferde. Zs. f.Tierpsychol. Bd.6 1944–49.
28 Hermann Ebhardt: Verhaltensweisen von Islandpferden in einem norddeutschen Freigehege. Säugetierkundliche Mitteilungen. Bd. 2, 1954.
29 A.Schmied in «Handbuch der Pferdezucht und -pflege» von Thomas Camenzind. Bern 1945.
30 Bernhard Grzimek: Scheuversuche mit Pferden. Zs. f. Tierpsychol. Bd.6, 1944–49.
31 H. Hediger: Die Angst. Zürich 1959.
32 Walter Koch: Psychogene Beeinflussung des Geburtstermins bei Pferden. Zs. f. Tierpsychol. Bd. 8, 1951.
33 O. Antonius: Über Herdenbildung und Paarungseigentümlichkeiten der Einhufer. Zs. f. Tierpsychol. Bd.1, 1937.
34 Elisabeth von Montgelas: Umgang mit Tieren. Leipzig 1922.
35 Seyfert von Tennecker: Lehrbuch der äußern, allgemeinen Pferdekunde. Altenburg 1825.
36 Th. Schjelderup-Ebbe: Beiträge zur Sozialpsychologie des Haushuhns. Zs. f. Psychol. Bd. 88, 1922.
37 Th. Zell: Riesen der Tierwelt. Berlin 1911.
38 Hermann Ebhardt: Drei unterschiedliche Verhaltensweisen von Islandpferden. Säugetierkundliche Mitteilungen. Bd. 5, 1957.
39 Bernhard Grzimek: Rangordnungsversuche mit Pferden. Zs. f. Tierpsychol. Bd. 6, 1944–49.
40 Gerhard Gronefeld: Das Sittengesetz der Tiere. Quick, 1954.
41 O. Antonius: Über Symbolhandlungen und Verwandtes bei Säugetieren. Zs. f. Tierpsychol. Bd. 3.
42 Clemens Laar: Meines Vaters Pferde. Hannover 1950.

43 E. Frauchiger: Seelische Erkrankungen bei Mensch und Tier. Bern 1953.
44 Adolf Koelsch: Bunte Beute. Stuttgart 1912.
45 Schweizer Kavallerist. Spezialrapport des Schwadronkommandanten. Nr. 7, 1956.
46 Hermann Ruhe: Wilde Tiere frei Haus. München 1960.
47 Schweizer Kavallerist. Kriegsträume der Pferde. Nr. 4, 1915.
48 Th. Knottnerus: Tiere im Zoo. Leipzig 1924.
49 H. Schwyter: Der schweizerische Militärhufschmied. Zürich 1923.
50 Schweizer Kavallerist. Bericht eines Trainoffiziers. Nr. 23/24, 1947.
51 Schweizer Kavallerist. Springkonkurrenz Amriswil. Nr. 8, 1923.
52 Schweizer Kavallerist. Nr. 9, 1952.
53 Schweizer Kavallerist, aus «Leben mit Tieren» von Konrad M. von Unruh. Nr. 24, 1924.
54 J. H. Fr. Günther: Untersuchungen und Erfahrungen im Gebiete der Anatomie, Physiologie und Tierarztneikunde. Hannover 1837.
55 C. G. Wrangel: Das Buch vom Pferde. Stuttgart 1895.
56 F. Schär in «Tierzucht» von Karl Steinbrück. Leipzig 1900.
57 O. Antonius: Beobachtungen an Einhufern. Zs. f. Tierpsychol. Bd. 12, 1955.
58 Hedwig Lange: Schweizer Kavallerist. Nr. 13, 1955.
59 Lilly Wiesner: Liesel und Hans. Aus Schweizer Tierschutz-Kalender. Schweizer Kavallerist Nr. 14, 1956.
60 N. Tinbergen: Die Übersprungsbewegungen. Zs. f. Tierpsychol. Bd. 4, 1940.
61 Lilly Schönholzer: Beobachtungen über das Trinkverhalten von Zootieren. Der Zool. Garten. Bd. 24, Berlin 1959.
62 E. Schäfer: Beobachtungen an Kiangherden. Der Zool. Garten, 1937.
63 H. Hediger: Über Bewegungsstereotypien bei gehaltenen Säugern. Rev. Suisse Zool. 1934.
64 James Fillis: Grundsätze der Dressur und Reitkunst. Stuttgart 1905.
65 Monika Meyer-Holzapfel: Über die Bereitschaft zu Spiel- und Instinkthandlungen. Zs. f. Tierpsychol. Bd. 13, 1956.
66 Waldemar Seunig: Von der Koppel bis zur Kapriole. Zürich 1949.

67 O. Bürgi in «Die Giftigkeit des Eibenbaumes für Pferde» von F. X Weißenrieder. Schweizer Kavallerist Nr. 2, 1932.
68 Briefkastenonkel. Radio Basel. 31. 10. 60.
69 Alfred Lehmann: Tiere als Artisten. Lutherstadt 1956.
70 Andreas Beuker in «Denkende Tiere» von K. Krall, Leipzig 1912.
71 Christoph Donauern: Großer Herren Standes und adelicher Haus-Vatter. Nürnberg 1719.